蘇民峰

相學全集

(一)

圓方立極

「天圓地方」是傳統中國的宇宙觀，象徵天地萬物，及其背後任運自然、生生不息、無窮無盡之大道。早在魏晉南北朝時代，何晏、王弼等名士更開創了清談玄學之先河，主旨在於透過思辨及辯論以探求天地萬物之道，當時是以《老子》、《莊子》、《易經》這三部著作為主，號稱「三玄」。東晉以後因為佛學的流行，佛法便也融匯在玄學中。故知，古代玄學實在是探索人生智慧及天地萬物之道的大學問。

可惜，近代之所謂玄學，卻被誤認為只局限於「山醫卜命相」五術及民間對鬼神的迷信，故坊間便泛濫各式各樣導人迷信之玄學書籍，而原來玄學作為探索人生智慧及天地萬物之道的本質便完全被遺忘了。

有見及此，我們成立了「圓方出版社」（簡稱「圓方」）。《孟子》曰：「不以規矩、不成方圓」。所以，「圓方」的宗旨，是以「破除迷信、重人生智慧」為規，藉以撥亂反正，回復玄學作為智慧之學的光芒；以「重理性、重科學精神」為矩，希望能帶領玄學進入一個新紀元。「破除迷信、重人生智慧」即「圓而神」，「重理性、重科學精神」即「方以智」，既圓且方，故名「圓方」。

出版方面，「圓方」擬定四個系列如下：

1.「智慧經典系列」：讓經典因智慧而傳世；讓智慧因經典而普傳。

2.「生活智慧系列」：藉生活智慧，破除迷信；藉破除迷信，活出生活智慧。

3.「五術研究系列」：用理性及科學精神研究玄學；以研究玄學體驗理性、科學精神。

4.「流年運程系列」：「不離日夜尋常用，方為無上妙法門。」不帶迷信的流年運程書，能導人向善、積極樂觀、得失隨順，即是以智慧趨吉避凶之大道理。

在未來，「圓方」將會成立「正玄會」，藉以集結一群熱愛「破除迷信、重人生智慧」及「重理性、重科學精神」這種新玄學的有識之士，並效法古人「清談玄學」之風，藉以把玄學帶進理性及科學化的研究態度，更可廣納新的玄學研究家，集思廣益，使玄學有另一突破。

作者簡介

蘇民峰　長髮，生於一九六〇年，人稱現代賴布衣，對風水命理等術數有獨特之個人見解。憑着天賦之聰敏及與術數的緣分，對於風水命理之判斷既快且準，往往一針見血，疑難盡釋。

以下是蘇民峰近二十年之簡介：

八三年　開始業餘性質會客以汲取實際經驗。

八六年　正式開班施教，包括面相、掌相及八字命理。

八七年　毅然拋開一切，隻身前往西藏達半年之久。期間曾遊歷西藏佛教聖地「神山」、「聖湖」，並深入西藏各處作實地體驗，對日後人生之看法實跨進一大步。回港後開設多間店鋪（石頭店），售賣西藏密教法器及日常用品予有緣人士，又於店內以半職業形式為各界人士看風水命理。

八八年　夏天受聘往北歐勘察風水，足跡遍達瑞典、挪威、丹麥及南歐之西班牙，回港後再受聘往加拿大等地勘察。同年接受《繽紛雜誌》訪問。

八九年　再度前往美加，為當地華人服務，期間更多次前往新加坡、日本、台灣等地。同年接受《城市周刊》訪問。

九〇年　夏冬兩次前往美加勘察，更多次前往台灣，又接受台灣之《翡翠雜誌》、《生活報》等多本雜誌訪問。同年授予三名入室弟子蘇派風水。

九一年　續去美加、台灣勘察。是年接受《快報》、亞洲電視及英國 BBC 國家電視台訪問。所有訪問皆詳述風水命理對人生的影響，目的為使讀者及觀眾能以正確態度去面對人生。同年又出版了「現代賴布衣手記之風水入門」錄影帶，以滿足對風水命理有研究興趣之讀者。

九二年　續去美加及東南亞各地勘察風水，同年 BBC 之訪問於英文電視台及衛星電視「出位旅程」播出。此年正式開班教授蘇派風水。

九四年　首次前往南半球之澳洲勘察，研究澳洲計算八字的方法與北半球是否不同。同年接受兩本玄學雜誌《奇聞》及《傳奇》之訪問。是年創出寒熱命論。

九五年　再度發行「風水入門」之錄影帶。同年接受《星島日報》及《星島晚報》之訪問。

九六年　受聘前往澳洲、三藩市、夏威夷、台灣及東南亞等地勘察風水。同年接受《凸周刊》、《一本便利》、《優閣雜誌》及美聯社、英國 MTV 電視節目之訪問。是年正式將寒熱命論授予學生。

九七年　首次前往南非勘察當地風水形勢。同年接受日本 NHK 電視台、丹麥電視台、《置業家居》、《投資理財》及《成報》之訪問。同年創出風水之五行化動土局。

九八年　首次前往意大利及英國勘察。同年接受《TVB 周刊》、《B International》、《壹周刊》等雜誌之訪問，並應邀前往有線電視、新城電台、商業電台作嘉賓。

九九年　再次前往歐洲勘察，同年接受《壹周刊》、《東周刊》、《太陽報》及無數雜誌、報章訪問，同時應邀往商台及各大電視台作嘉賓及主持。此年推出首部著作，名為《蘇民峰觀相知人》，並首次推出風水鑽飾之「五行之飾」、「陰陽」、「天圓地方」系列，另多次接受雜誌進行有關鑽飾系列之訪問。

二千年 再次前往歐洲、美國勘察風水，並首次前往紐約，同年 masterso.com 網站正式成立，並接受多本雜誌訪問關於網站之內容形式，及接受校園雜誌《Varsity》、日本之《Marie Claire》、復康力量出版之《香港 100 個叻人》、《君子》、《明報》等雜誌報章作個人訪問。同年首次推出第一部風水著作《蘇民峰風生水起（巒頭篇）》、第一部流年運程書《蛇年運程》及再次推出新一系列關於風水之五行鑽飾，並應無線電視、商業電台、新城電台作嘉賓主持。

〇一年 再次前往歐洲勘察風水，同年接受《南華早報》、《忽然一週》、《蘋果日報》、日本雜誌《花時間》、NHK 電視台、關西電視台及《讀賣新聞》之訪問，以及應紐約華語電台邀請作玄學節目嘉賓主持。同年再次推出第二部風水著作《蘇民峰風生水起（理氣篇）》及《馬年運程》。

〇二年 再一次前往歐洲及紐約勘察風水。續應紐約華語電台邀請作玄學節目嘉賓主持，及應邀往香港電台作嘉賓主持。是年出版《蘇民峰玄學錦囊（相掌篇）》、《蘇民峰八字論命》、《蘇民峰玄學錦囊（姓名篇）》。同年接受《3 週刊》、《家週刊》、《快週刊》、《讀賣新聞》之訪問。

〇三年 再次前往歐洲勘察風水，並首次前往荷蘭，續應紐約華語電台邀請作玄學節目嘉賓主持。同年接受《星島日報》、《東方日報》、《成報》、《太陽報》、《壹周刊》、《一本便利》、《蘋果日報》、《新假期》、《文匯報》、《自主空間》之訪問，及出版《蘇民峰玄學錦囊（風水天書）》與漫畫《蘇民峰傳奇 1》。

〇四年 再次前往西班牙、荷蘭、歐洲勘察風水，續應紐約華語電台邀請作風水節目嘉賓主持，及應有線電視、華娛電視之邀請作其節目嘉賓，同年接受《新假期》、《MAXIM》、《壹周刊》、《太陽報》、《東方日報》、《星島日報》、《成報》、《經濟日報》、《快週刊》、《Hong Kong Tatler》之訪問，及出版《蘇民峰之生活玄機點滴》、漫畫《蘇民峰傳奇2》、《家宅風水基本法》、《The Essential Face Reading》、《The Enjoyment of Face Reading and Palmistry》、《Feng Shui by Observation》及《Feng Shui — A Guide to Daily Applications》。

〇五年始

應邀為無線電視、有線電視、亞洲電視、商業電台、日本NHK電視台作嘉賓或主持，同時接受《壹本便利》、《味道雜誌》、《三週刊》、《HMC》雜誌、《壹週刊》之訪問，並出版《觀掌知心（入門篇）》、《中國掌相》、《八字萬年曆》、《八字入門捉用神》、《八字進階論格局看行運》、《生活風水點滴》、《風生水起（商業篇）》、《如何選擇風水屋》、《談情說相》、《峰狂遊世界》、《瘋蘇Blog Blog趣》、《師傅開飯》、《蘇民峰美食遊蹤》、《A Complete Guide to Feng Shui》、《Practical Face Reading & Palmistry》、《Feng Shui — a Key to Prosperous Business》等。

蘇民峰顧問有限公司
電話：2780 3675
傳真：2780 1489
網址：www.masterso.com
預約時間：星期一至五（下午二時至七時）

自序

人心不同，各如其面。心善而眼善，心惡而眼惡，心愁而面青，心樂而面舒。人樂觀，眼尾、嘴角自然向上，人悲觀，眼尾、嘴角自然向下；眉頭寬性格自寬，抑鬱者雙眉自然緊皺；慎言者嘴唇緊閉，多言者掀唇露齒或牙疏；體強者聲如洪鐘，病弱者氣若游絲。凡此種種皆有諸內，形諸外，但面相會因應人心之不同而隨之變化，故看相宜看近而不看遠，看精神又比看五官為重。再加上世界各國民族不同之風俗習慣去判斷，幾無差矣！

蘇民峰

《太清神鑑》序

至神無體，妙萬物以為體，至道無方，鼓萬物以為用，故渾淪未判，一氣湛然，太極纔分，三才備位，是以陰陽無私，順萬物之理以生之，天地無為，輔萬物之性以成之，夫人居天地之中，雖稟五行之英，為萬物之秀者，其形未兆，其體未分，即夙具其美惡，蘊其吉凶，故其生也，天地豈容巧於其間哉，莫非順其世，循其理，輔其自然而已，故夙積其善，則賦其形美而福祿也，素積其惡，則流其質凶而處夭賤，此其灼然可知，其確然不易也，是以古之賢聖，察其人則觀其形，觀其形則知其性，知其性則盡知其心，盡知其心則知其道，觀形則善惡分，識性則吉凶顯著，且伏羲日角，黃帝龍顏，舜目重瞳，文王四乳，斯皆古之瑞相，見之問降之聖人也，其諸賢愚修短，猶之指掌微毫絲末，豈得逃乎。

目錄

第二章　論頭與頭骨

第一章

面相部位分法

【面分中線，然後察看左右】

訂立中線以後，便可以將面相分成左右兩邊來看，左面為男，右面為女；左面看三十歲前，右面看三十歲後。

面分中線，然後察看左右

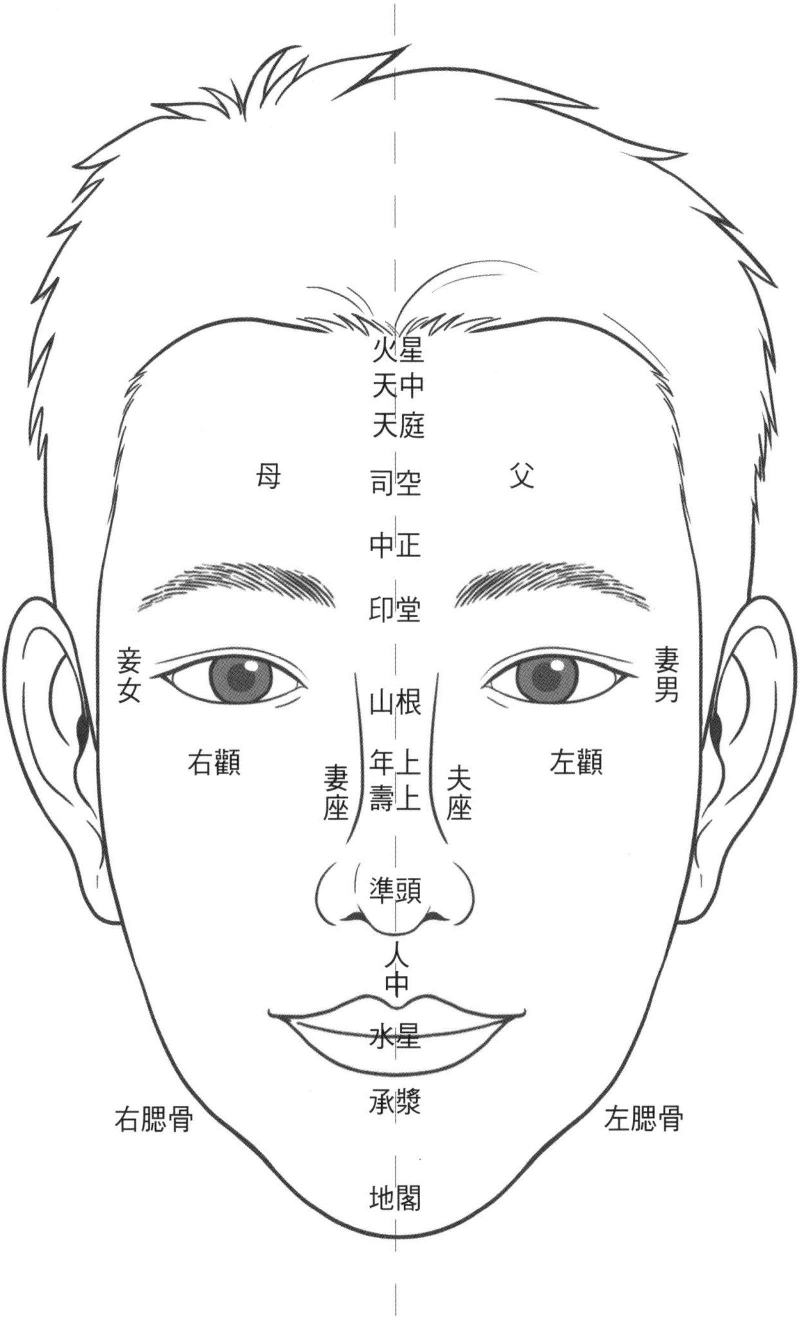
火星
天中
天庭
母
司空
父
中正
印堂
妾女
妻男
山根
右顴
年上
上上
左顴
妻座
壽上
夫座
準頭
人中
水星
承漿
右腮骨
左腮骨
地閣

額

額看祖蔭、才智、少年運以及父母緣分。

左額為父，右額為母，左額凹陷或有紋侵痣破則損父，右額凹陷或有紋侵痣破則損母。

眉眼

雙眉乃察看兄弟、朋友、男女感情之處，左面眉毛整齊，順貼眉骨生長則三十歲前兄弟、朋友感情較佳，相反則三十歲後關係較好。

如雙眉粗豎、眉毛亂，則一生兄弟、朋友感情皆差，易受拖累，甚至反目、打架、損傷、車禍之事亦較多。

眼主管男女感情與決斷能力，黑白分明而有神者，感情堅定，決斷力強；眼暗目昏無神者，感情猶疑而遇事不決，一生拖泥帶水，需過四十歲眼運以後才較穩定。如左右眼眼神不一樣者，就依三十歲前後去判斷。

顴

左顴看三十歲前，右顴看三十歲後，以顴高貼近眼尾且有肉包裹而不露骨者為佳，以顴低、骨露、瀉、有紋侵痣破為凶，從而判斷三十歲前後哪段時間比較容易掌權及哪段時間社會地位較佳。

腮骨

晚年看腮骨。左右腮骨常見大小鴛鴦不同，一般以闊為佳，即使有時過闊形成風字面，主其人破壞性與秘密性過強，但晚年亦不失衣祿。所以腮骨鴛鴦，總是以右面比左面大為佳，起碼代表三十歲後人較堅忍，可抵受逆境所帶來的衝擊，衝破困難，邁向成功，得享晚年安樂。

【入門——面相直分八段看法】

第一段

第一段包括整個前額的範圍，即髮際之下至兩眉之上，能觀察少年至三十歲前的運氣，以及先天能否得到貴人、長輩、上司之助。同時，亦能以此察看目前及數月內之氣色變化，從而判斷吉凶。左邊額角用以察看父輩及男性貴人，右邊額角則用以察看母親及女性貴人。

面相直分八段看法

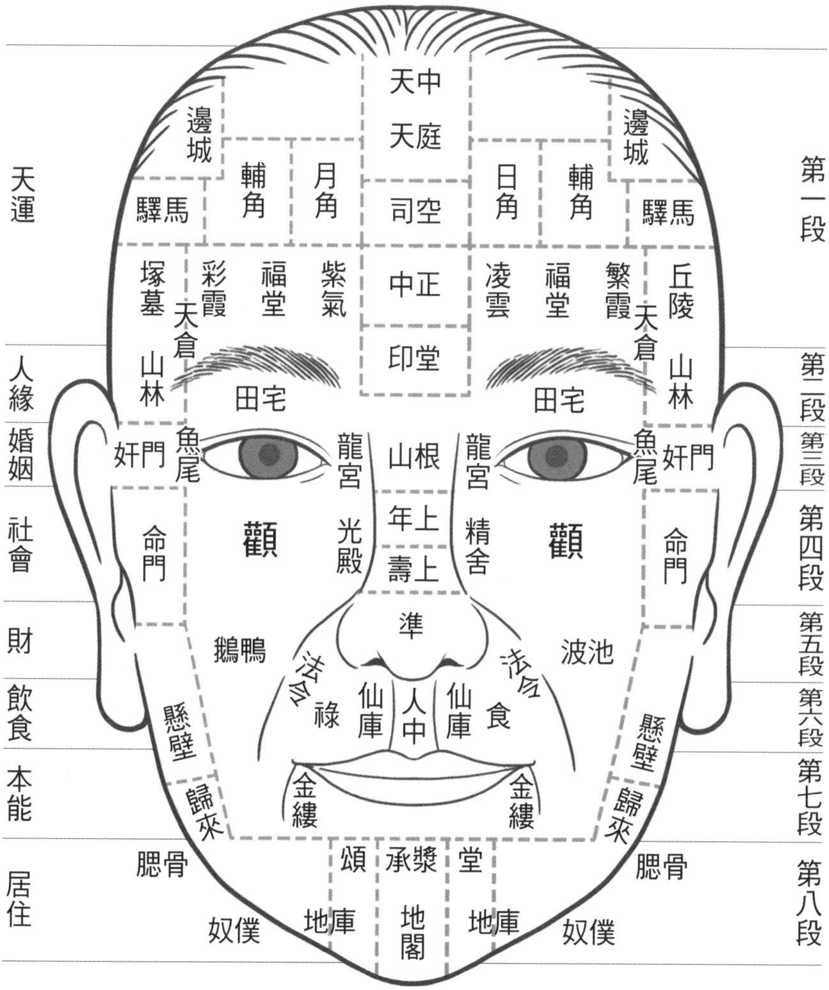
天運
人緣
婚姻
社會
財
飲食
本能
居住
第一段
第二段
第三段
第四段
第五段
第六段
第七段
第八段
天中
天庭
司空
中正
印堂
山根
年上
壽上
準
人中
承漿
地閣
邊城
邊城
輔角
月角
日角
輔角
驛馬
驛馬
塚墓
彩霞
福堂
紫氣
凌雲
福堂
繁霞
丘陵
天倉
天倉
山林
山林
田宅
田宅
奸門
魚尾
龍宮
龍宮
魚尾
奸門
命門
顴
光殿
精舍
顴
命門
鵝鴨
波池
法令
法令
祿
仙庫
仙庫
食
懸壁
懸壁
金縷
金縷
歸來
歸來
頌
堂
腮骨
腮骨
地庫
地庫
奴僕
奴僕

第二段

第二段的範圍包括雙眉、印堂、福堂。眼上瞼伸延至天倉、山林一帶，是察看家庭，包括父母、兄弟以及朋友緣分之處；福堂及山林用以察看三十歲前的財運，以及能否儲積財富；而印堂則察看其人是悲觀執著，抑或樂觀地面對一切。

第三段

第三段包括山根、雙目、眼下瞼、魚尾、奸門一帶，這段主要察看夫妻感情、有否助力，同時眼亦能判斷其人決斷與否，做事與處理男女關係時是否拖泥帶水。魚尾、奸門除了察看男女關係外，亦可觀察其人是否多病，而眼下瞼就察看子女是否易養。

第四段

第四段包括顴與鼻樑即年上、壽上的位置。鼻為自己，兩顴為旁人與群眾，顴高鼻高直，主易有地位，亦能得朋友群眾擁戴；顴高鼻塌，僅得貴人扶助；鼻高顴塌為孤峰，難以融入群眾；鼻低顴塌，則無位無權。

第五段

第五段包括鼻頭、左右金甲，以及法令之起點。鼻頭主財，鼻頭大、金甲不露孔為正財鼻，主其人分毫計算；鼻頭尖削，鼻孔微露為偏財鼻，但這與貧富或儲蓄無關，並非如坊間所說的鼻孔露主漏財。

第六段

此段包括人中、食倉、祿倉、仙庫、上唇，向外至懸壁一帶。食祿倉、仙庫主食福，人中主生產，上唇主情，懸壁、歸來察看子女緣分。

第七段

第七段為下唇、承漿、金縷一帶。上唇主情，下唇主慾，包括食慾、色慾，而承漿則主飲食是否順暢，金縷主晚年衣祿。

第八段

此段為地閣、地庫、腮骨、奴僕一帶，這是關於晚境是否富貴、有否奴僕使喚之處。

【面相橫列十三部位】

面相橫列十三部位，是指由髮際至下巴，依序在面相中線垂直而下的十三個部位——天中、天庭、司空、中正、印堂、山根、年上、壽上、準頭、人中、正口、承漿、地閣，其以平滿色潤為佳，缺陷色惡為凶。如部位佳，則運氣能從青壯年通關到中年，中年再通關至晚年。

面相橫列十三部位圖

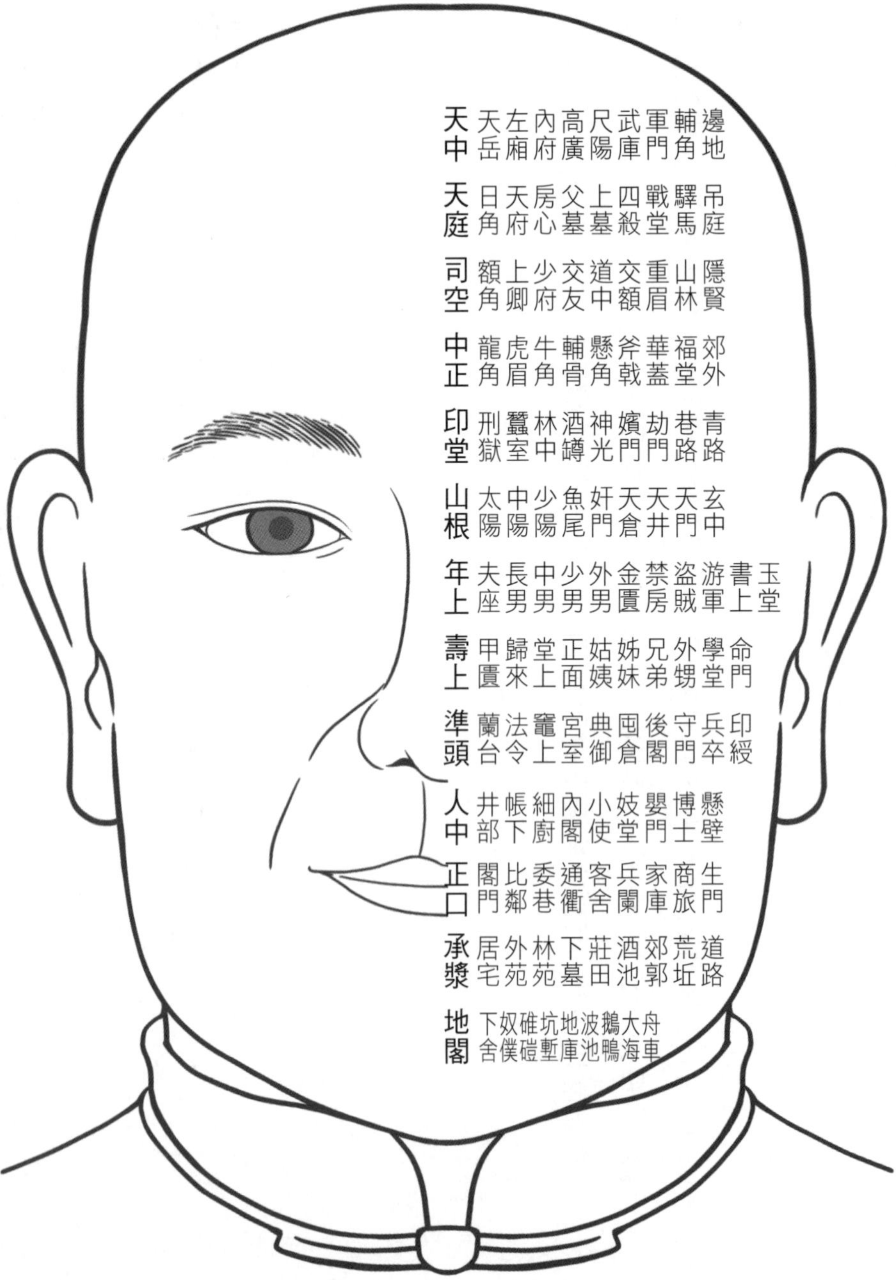
天 天左內高尺武軍輔邊
中 岳廂府廣陽庫門角地
天 日天房父上四戰驛吊
庭 角府心墓墓殺堂馬庭
司 額上少交道交重山隱
空 角卿府友中額眉林賢
中 龍虎牛輔懸斧華福郊
正 角眉角骨角戟蓋堂外
印 刑蠶林酒神嬪劫巷青
堂 獄室中罇光門門路路
山 太中少魚奸天天天玄
根 陽陽陽尾門倉井門中
年 夫長中少外金禁盜游書玉
上 座男男男男匱房賊軍上堂
壽 甲歸堂正姑姊兄外學命
上 匱來上面姨妹弟甥堂門
準 蘭法竈宮典囷後守兵印
頭 台令上室御倉閣門卒綬
人 井帳細內小妓嬰博懸
中 部下廚閣使堂門士壁
正 閣比委通客兵家商生
口 門鄰巷衢舍蘭庫旅門
承 居外林下莊酒郊荒道
漿 宅苑苑墓田池郭坵路
地 下奴碓坑地波鵝大舟
閣 舍僕磑塹庫池鴨海車

面部十三位表

天中橫列十位	天中、天岳、左廂、內府、高廣、尺陽、武庫、軍門、輔角、邊地
天庭橫列十位	天庭、日角、天府、房心、父墓、上墓、四殺、戰堂、驛馬、吊庭
司空橫列十位	司空、額角、上卿、少府、交友、道中、交額、重眉、山林、隱賢
中正橫列十位	中正、龍角、虎眉、牛角、輔骨、懸角、斧戟、華蓋、福堂、郊外
印堂橫列十位	印堂、刑獄、蠶室、林中、酒罇、神光、嬪門、劫門、巷路、青路
山根橫列十位	山根、太陽、中陽、少陽、魚尾、奸門、天倉、天井、天門、玄中
年上橫列十二位	年上、夫座、長男、中男、少男、外男、金匱、禁房、盜賊、游軍、書上、玉堂
壽上橫列十一位	壽上、甲匱、歸來、堂上、正面、姑姨、姊妹、兄弟、外甥、學堂、命門

準頭橫列十一位	準頭、蘭台、法令、竈上、宮室、典御、囤倉、後閣、守門、兵卒、印綬
人中橫列十位	人中、井部、帳下、細廚、內閣、小使、妓堂、嬰門、博士、懸壁
正口橫列十位	正口、閣門、比鄰、委巷、通衢、客舍、兵蘭、家庫、商旅、生門
承漿橫列十位	承漿、居宅、外苑、林苑、下墓、莊田、酒池、郊郭、荒坵、道路
地閣橫列十位	地閣、下舍、奴僕、碓磑、坑塹、地庫、波池、鵝鴨、大海、舟車

這面相十三部位總圖，只列供各位參考，有興趣者可以深究，無興趣者可以略過，蓋因這一百三十多個部位的排列有些碎亂，如金匱、甲匱一在顴，一在鼻側；波池、鵝鴨理應位於奴僕位腮骨之處，但奴僕反而在地閣旁。況且面相百歲圖已詳列每歲部位之吉凶，一般已經足夠運用矣！

古訣論十三部位（一）——面部一百三十五位總括元奧

古賢著相法。俯仰天地之位。辨察內外之方。所列部位。自天中至地閣。僅十三部。餘部。皆後之善術者。近取遠取。象形會意發揮秘蘊。有窮理盡性之道。此百餘部位所由增也。自好事者復踵而增之。並次序不無紊亂。反蹈離悖之譏。不知前賢立名命意。天中居最尊之位。有人君之象。統制四方。故以刑獄在眉。劫門在外。內府列之於上。公卿居之於前。妻兒俱列子宮。盜賊相依金匱。山林近於仙路。斧戟列之郊外。承漿近口。日角居天。荒坵與郊郭相並。奴僕與下舍相依。客舍在於通衢。鵝鴨傍於波池。有定位即有定理。舉一隅可知三隅也。人之一面。以上停屬離。為天主貴。中停屬坤。為人主壽。下停屬坎。為地主富。三部亦為三停。上停隆滿者。主初年福祿。中停豐厚者。主中年成立。下停缺陷者。主晚年破敗。自天中至地閣。左列。共成百三十五部。其有列有廂月角等位。乃配合而定之。而五嶽四瀆九州八卦。乃分野而名之。皆非其數也。須從各部位豐滿、缺陷、痣痕精心推理。於古人元妙秘旨。豁然而明。其有差謬之處。不合乎理者正之。有重載者刪之。有緊要而遺漏者補之。且諸書無專位訣斷。令閱者茫然不知所列各部何解。因將部位一一抽出橫列。訣以定之。賦以詳之。詩以明之。庶百三十餘部之繁。綱舉目張。瞭若指掌。願與精斯術者共參之。

古訣論十三部位（二）——摘自《相理衡真》

【天中部位捷徑橫列十位】

第一天中對天岳。左廂內府相聯續。高廣尺陽武庫同。軍門輔角邊地樂。

天中。為貴之主宰。又主通達。高起者初年出官。平滿者宜遠行。有官祿。骨起者主富貴。缺陷者主無田地。又主刑獄死。潤平吉。一生不犯典刑。骨起如筋大有稜。合為國師近聖人。貴至三品。黑子主剋父母。瘢紋主母死。天中骨起至枕骨。祿五品下六品。

天岳。一名訟獄。主刑死。平滿者不犯刑獄。缺陷及色惡者。多遭獄厄。

左廂主丞相。平滿者一生吉利。骨起為伏犀骨。主祿二千石。連上者為宰輔。骨肉相稱。白衣拜相。缺陷破壞者。亦主災厄。有黑痣者主橫事。

內府。主金玉財寶。骨肉平滿者。家累珠玉。主仁孝。缺陷者。經營貧苦。破壞者。不宜興販。黑痣少喪父母。百合骨起。邊塞之將。高聳者大將。

高廣。驛馬骨起。主封侯大貴。有黑痣。剋父母。

尺陽。主郡佐之官。肉骨豐起。任佐之職。缺陷者任官罷職。又云豐厚主官祿。缺陷瘢紋凶。有痣。客死他鄉。

武庫。主甲兵。一名軍門。主兵職之位。武庫乃兵戍之部。或骨直而豐厚。即其真也。若生黑痣及縱紋者。雖任兵權。恐不善死。骨起主為上將。骨肉起者。宜任兵官。若見瘢痕缺陷者。不宜任此職。亦主從軍敗亡。有黑子主兵權。亦主兵死。赤色主鬥傷。

軍門。主兵官之職。所以傍武庫。斷同前。

輔角。主郡守之位。骨起能文案。合為太尹。骨起而色明好者。主任藩撫。一名弓弩。有黑痣。主兵死。無痣略微黑者。主亡官失職。亦主殺戮。赤色主暴病。或官職爭競。輔骨大即官職大。骨小即官職小。無骨不可求官。

邊地。主邊郡之職。亦主遠行凶吉。豐起者佳。有骨起為侍郎給事中書舍人。黃色主三品之貴。稜起主護御之權。隆高貴或武職法司。赤氣如刀劍紋。武職因功進爵。文則守邊城之職。赤色如雲行日出。主遠動之兆。陷凹為僕使。有黑痣者販遠千里。有黑子而色惡者。不問男女。皆主客亡。

賦曰。天中骨起。身必衣紫腰金。左廂接連。才可為卿作相。命府高廣。須當平滿。而得佐任之職。尺陽武庫。若能豐厚。乃分兵戍之官。輔角崢嶸。郡守鎮轄。關疆骨插。邊庭威武。名揚中外。

【天中部位詩 四首】

稜稜骨起在天中。高廣豐隆武庫同。不怕在朝官職小。他年猶可作三公。

高廣分明武庫清。兵權萬里有威名。微微黃色軍謀勝。建立大功奏凱榮。
骨生髮際左廂連。為仕為儒名利全。窘乏英雄終可達。不須囊橐有餘錢。
天中黑痣及飛紋。富貴功名不問君。若見斑痕缺陷者。可憐一世枉勞筋。
骨滿天中。登壇拜將之任。色明武庫。探馬報警之官。
高廣陷低。終日奔勞徒一食。尺陽隆起。他年佐任有餘榮。
輔角骨朝。堪為郡守。邊地峻聳。定作朝郎。
左庭高隆衣輕裘。而居富厚。內府豐滿。乘肥馬而躋朝班。

【天庭部位捷徑橫列十位】

第二天庭連日角。天府房心父墓約。上墓四殺戰堂前。驛馬吊庭分善惡。

天庭。主貴品之部。骨起主官祿。若骨起兩邊。日月角應之。必任宰相。起至枕骨者。四品下五品。光明者貴。黑子缺陷。主刑厄。一名天宰。主貴人之牢。亦名鴻臚寺。亦名四方館。骨陷色惡。諸事少利。青氣者凶。不聳不削者貴。溫潤有光。主五十日遷調遠方。骨起紅潤者。丞相之位。

日角。至公使之位。充滿洪直。骨肉起者。主侍御。又云。日月角為父母宮。骨起主大貴。

天府。一名王府。主入朝否泰。是故天府枯燥。有官無道。

房心。主師傅之道。骨起者為人之師。骨起而黃色光澤者。徵為國師。又云。左文右武。如日角圓起。主為國師。

父墓。左右主父母之位。骨肉起主大貴。蔭襲子孫。光澤者子孫滿堂。豐滿父母得力。破陷黑子必傷。

上墓。左右。主父母之墳墓吉凶。黑子缺陷枯燥者。父母不合葬。或遷移不吉。

四殺。主守邊方之將。四時殺害之事。骨起主節度使。平滿光澤。一生無虧。

戰堂。主爭戰之事。骨起為驛騎將軍節度副使。行軍司馬之位。色好平滿者。戰勝。色惡斑駁。戰不得還。缺陷兵死。

驛馬。主乘騎之事。邊地之側。吊庭之隅。緊要之部。欲光滿如立壁。主監司五品之職。或有蹇剝。則驗其破敗。紋理色澤乘馬吉。缺陷者無驛馬之祿。色惡者乘馬有厄。若有急使。須看兩邊驛馬氣色如何。有則動。紅黃吉。黑起主財帛有失。紫氣三七日主進僕馬。青黑貫之。在外不利。骨肉起者。多獲財吉。

吊庭。主喪服之事。吊庭白如梨花。父母死。若微白主外服。有黑痣者。主哀哭。色青名催棺殺。自厄。

賦曰。天庭高廣。少年富貴可期。日月角明。終身榮華不謬。天庭骨起至玉枕。乃極品官。日月角近映珠庭。非庸凡相。身拜丹墀。蓋是天府房心骨起而色澤。名登忠冊。只為戰堂驛馬立壁而紅黃。

【天庭部位詩 四首】

天庭矗矗豎奇峰。穩步蟾宮拜九重。功名若也分高下。地閣蘭廷放不鬆。

虎龍日月角崢嶸。相貌無情總有情。審得五官相應處。看他何日上雲程。

天府房心看宦途。利名也可問榮枯。紅黃骨起為師傅。暗滯濛濛作僕夫。
塚墓分明後代昌。乾枯色慘祖墳傷。吉凶陣門憑何部。驛馬之中及戰堂。
骨插天庭。乃躍龍門之客。秀起日角。定登鳳沼之儒。
驛馬色明。遇神仙於萍水。父墓紅潤。食舊德於廩倉。
黑侵戰堂。難免爭奪之論。黃入天府。必有陞遷之榮。
四殺骨盈。邊將得奏凱之喜。吊庭色慘。遠宦有聞訃之憂。

【司空部位捷徑橫列十位】

第三司空額角前。上卿少府位相連。交友道中交額位。重眉山林看隱賢。

司空。一名司徒。主天官三公之部。骨起者貴。主刺史員外郎省舍人之位。骨起光澤者。當任三公九卿。骨起至玉枕者。二品下三品。惡色者多驚恐。又云。司空切忌紋破紋侵者不貴。黑痣者不吉。赤氣貫印堂。主一百日內凶死。

額角。主公卿之位。骨起司徒太傅之位。又云骨起為公卿。色紅黃者大吉。黑色主惡死。額角赤色如豆。主刀兵死。

上卿。主九卿侍御舍人。又主正卿之位。亦主冢卿。骨起而常光澤。為官必親御座。赤主橫死。缺陷主無官。色惡離家。

少府。主府寺之位。骨肉起。主任府寺之職。色惡。有官主失職。右府黃色。貴人徵召。不出季月之應。

交友。主朋友之位。骨肉起及黃色者。交友輔強。缺陷者一生寡交。色惡。與朋友爭競。色青白者。外婦相愛私通。色赤外婦求離。

道中。主路行之位。立名衡上。骨起一生在道上安泰。平滿主一生不出門庭。缺陷及色如馬肝者。主客死道旁。

交額。主福祿之位。骨起及色好者。主有福祿大貴。黑痣及缺陷色惡者。皆主貧苦。

重眉。主勇健之位。知人勇而有力也。骨起主小貴。猛如狼虎。性行不常。缺陷色惡主貧賤。

眉中。主修行之路。骨起者得遇仙道。

山林。主山野之象。又主富貴畜牧。骨起橫接司空。州牧之位。骨起山林。必遇神仙。一名崖邑。開則主貴。狹則主貧破。女人至賤。光澤主有山林之利。色惡主出外為狼虎食。有黑痣。入山林者。主被毒蟲之傷。此位看兵馬強壯。凡色黑者凶。

隱賢。主遇聖賢。隱逸高人。色明吉。

賦曰。司空骨高。位登刺史。額角峰起。應作公卿。少府上卿。骨隆起而徵貴人之兆。交友道上。色紅黃而得邂逅之交。山林廣豐。論居處多般清逸。紅黃臨位在山岡必遇神仙。

【司空部位詩 四首】

司空骨起上天庭。直向枕關掌五刑。額角峗峨懸日月。少年得志姓名馨。

上卿少府府卿官。骨起稜稜萬里搏。缺陷應知無位者。朦朧惡色保身難。

交友位中骨起強。瑩然氣色淡紅黃。平生知遇如金石。管鮑而今姓氏芳。

山林骨起志薰陶。遇得神仙造化高。開闊榮華紋痣苦。紅黃遠映任翔翺。
骨起山林。多為隱逸之士。黃濃少府。定是超群之人。
司空骨開。一世官高福澤。重眉立起。千軍將勇英雄。
作社稷之虎臣。額角立壁。為村坊之狗盜。眉上成坑。
上卿骨橫。位居正卿之列。少府稜起。品登寺府之榮。

【中正部位捷徑橫列十位】

第四中正接龍角。虎眉牛角及輔骨。懸角斧戟並華蓋。福堂郊外嫌色惡。

中正。主郡僚之事。詳品人物之司。亦主官位。骨起者。貴主司馬。骨起至玉枕者。二品下三品。骨起而色潤澤者。主官職。缺陷者無職。有如祥雲橫貫者。主大拜。應六十九十日。有青龍角起者。主遷官職。

龍角。主權貴之位。又名蟠角。有骨肉端美。眉上稜稜如龍角起者。主王事為使。女人主為后妃。若豐隆官居八座。女人亦貴。紅黃色貫。則恩寵有賜。色惡不吉。

虎眉。主將帥之位。骨肉起者。當主兵權。豐起將軍之相。光明者吉。一名疑路。主出行之象。色好宜行。色惡慎出。有黑痣不吉。

牛角。主權貴之位。又主統師。亦名羊角。凡角名者。皆貴相也。骨起者必為將軍。骨肉起者。侯伯之權。

輔骨。主職制之位。輔犀骨起。封侯一品之貴。骨大者職大。骨小者職小。缺陷者無官。

懸角。主官祿之位。骨起主三品卿大夫貴。或色黃者。七十日內。主三公卿相。

天下統師。骨起有角者。食祿。無角者不可求官。

斧戟。主兵器之任。又主武勇職役。骨肉起者。有兵權。色好者主武選及第。缺陷而色惡者兵厄。

華蓋。主邪正之事。骨起至枕富壽。九品下小貴。此等骨皆有稜利。以手捫之。隱隱然似刀背。主官祿。亦名厄門。主鬼神之事。色惡及黑痣。主暴死。如枯者。主經商消折。

福堂。主福祿之事。在兩眉之上。華蓋之旁。豐厚者有官職。無災有壽。骨起者主三品。明潤色紅者。主常有吉慶。狹薄者貧夭。無官主遭橫災。

郊外。主行路之事。又主郊野。骨起三品卿大夫貴。發惡色不可遠行。有肉。一生不出遊。黑痣缺陷者。主他鄉死。

賦曰。中正骨起。有官有位之人。龍角插天。為輔為弼之將。虎眉凸露連牛角。保社稷以無危。輔骨峗峨向元角。護山川而永固。斧戟隆起。有勇職而兼兵權之佐。華蓋骨聳。至玉枕而主小貴之榮。福堂高而明潤。早年發解。郊外闊而色澤。任君遠遊。

【中正部位詩 四首】

中正穹隆位九卿。藉他龍角往高擎。一官一職須詳此。缺陷有虧骨起榮。

虎眉輔骨見嵯峨。奴僕成群着錦羅。他日封侯人不識。原來兩目似清波。

斧戟之名廣武夫。豐隆骨肉鎮荒衢。紅黃臨位遷官職。要主兵權亦可圖。

福堂過耳少憂愁。凹陷低斜禍不休。青黑來時嗟命苦。任他俊傑力難周。
中正豎骨森森。功名必遂。福堂紫氣鬱鬱。官職可遷。
虎眉豐隆。必然作威作福。龍角矗上。可以為后為妃。
穩步蟾宮。元角骨起。端趨鳳閣。華蓋色明。

【印堂部位捷徑橫列十位】

第五印堂刑獄起。相接蠶室林中紀。酒罇神光及嬪門。劫門巷路青路裏。

印堂。為一面之表。內應於心。則曰君主之官。神明出焉。眼清則謀慮正。耳聰則技巧明。鼻隆則名位高。口方則倉廩實。印堂方瑩。則神明異矣。主璽符之位。亦名闕庭。掌璽符之官。亦主印綬官祿。印方寸起而光瑩者。祿二千石。方寸平而靜者。三品任官。旁有黑痣瘢痕皆不吉。主因財官事。明潤有官祿。青氣不吉。川字紋剋妻。平如鏡面者。富貴雙全。紋亂橫凶。

刑獄。主刑厄之事。又名額路。亦名交鎖。主家事。亦名家獄。色惡主訟厄。平滿潤澤者。一生不犯徒囚。色常不潔者主多憂。缺陷者惡死。

蠶室。主女宮之事。平滿光澤者。家內宜蠶。女人貞潔。缺陷者無田蠶。色惡者事不良。

林中。主仙道之位。平滿色澤者。禪慧有成。

酒罇。主酒肉。色惡者。主因酒敗事。

神光有骨隆起。直入髮際。曰仙風道骨。主修養好慕神仙人也。

嬪門。主嬪宮之位。又主妻位。色好妻無災。缺陷者妻惰懶。色惡者妻多病。乾枯者妻多臥枕。色紅潤者主妻喜慶。

劫門。主劫賊之位。骨肉起色好者。永不被盜。有黑痣者常被盜。發惡色是劫賊至。

巷路。主私路出入之位。色潤瑩好者出入則吉。惡色者不宜出入。主有危厄。

青路。主公路出入之位。色靜者出入則獲福。色惡出入則凶。

賦曰。印堂開闊。性聰敏而福命堪誇。刑獄光明。多吉慶而訟厄何有。蠶室宜乎光澤。酒罇忌其朦朧。林中平滿。可期禪宗佛路。精舍骨起。乃號道骨仙風。嬪門暗慘。實為妻妾之愁煩。劫門黑侵。且看巷路之明滯。

【印堂部位詩 四首】

印堂瑩淨稱心懷。紋痣旁生氣運乖。刑獄不宜青慘色。平空恐怕惹狼豺。
林中豐蔚好參禪。閃閃神光必遇仙。若個道心真決烈。三生有幸是前緣。
嬪門之位雷震宮。怕有痣痕雜此中。悔吝吉凶憑我斷。奸門魚尾總相同。
劫門最忌黑青臨。還恐巷中兩路侵。金匱若無塵垢色。勸君不必起愁心。
命宮光明。定超群邁眾之士。印堂開闊。操出生入死之權。
刑獄色明。多逢吉事。林中骨起。喜學禪宗。
神光閃紅。神仙有道之士。酒罇氣惡。酒色忘身之徒。
嬪門色開。歡娛妻妾。巷路氣暗。禍患風雲。

【山根部位捷徑橫列十位】

第六山根對太陽。中陽少陽太陰望。魚尾奸門天倉接。天井天門玄中藏。

山根。主有勢力。又主兄弟田宅根基婚姻事。斷絕主多危無兄弟。狹窄而低者。主孤貧。要豐滿上接中正。缺陷黑痣。紋理隔斷。皆主不足。行限至此。有災破財。鼻上一名玉衡。又名延中。或有奇骨伏起者。皆招國親之喜。但玉衡上侵。則朝野聞名。若陷窪則情淺識露。謀事少成。山根連鼻樑。豐隆而起與額平者。位至三公。或骨起如釵股樣。上有稜似刀背至枕者。或月樣者。為大將軍之位。

太陽中陽少陽。太陰中陰少陰。眼目也。皆宜黑多白少。精華有采。瞻視有力。富貴壽考之相。後詳論有專條。眼下左為三陽。右為三陰。又名子位。又為男女宮。三陽三陰。胞起光澤者。吉。如臥蠶多者。子孫吉。黃氣主有陰德濟人。青憂。白服。黑主病。赤主子女口舌。眼下枯黑及羅網紋。多行惡事絕嗣。老年孤獨。

奸門。又名妻位。光澤有肉。主妻賢。及外家福祿。有紋理相交。主淫蕩。有白色。亦主外通。氣色紅黃光華。主得美婦。乾枯主剋妻子外家。十字叉字紋者。主妻自縊。

魚尾。同上斷。

天倉。主出入之所。又主貧富。宜豐滿明潤。則富貴壽考無疑。

天井。主財帛之位。平滿者富。有黑痣者主厄。

天門。主開闢吉祥之事。發好色有吉慶之兆。色惡主婦人爭訟。天門宜開。得四方朋友及兄弟姊妹之力。

玄中。主修行之路。在天門之後。近耳有黑痣者。不可出家。主虛設而無成。開闊主修行有成。

賦曰。山根見伏犀而扶搖聳直。定躍三級於禹門。太陽並太陰而光明皎潔。必佐九重於堯殿。魚尾評妻妾之悲歡。天倉為遷移之迪吉。天井相財帛。論其否泰。天門應吉祥。驗其時日。氣明朗而事順。色暗慘而身危。玄中乃修佛成仙之路。黃明定超凡入聖之程。

【山根部位詩 四首】

山根不斷得妻賢。斷折多危為鬼纏。紋痣一生刑剋早。他年碌碌事難全。
日月光明百事亨。陰陽昏眊累愁情。有神有力人多福。發越來時看運程。
奸門一位是妻宮。魚尾詳明理亦同。光潤家中多迪吉。亂紋侵位慮姑翁。
天倉天井應生財。明朗天門喜慶來。若問玄中凶吉處。一條道路是仙胎。
平生厄多。秖因山根斷折。一世危極。惟欠眼目精華。
魚尾多拂紋。能延壽考。奸門常光澤。應是妻賢。
紋豎天倉。終身役役。痣生天井。幼歲煢煢。

【年上部位捷徑橫列十二位】

第七年上夫座參。長中少男與外男。金匱禁房盜賊動。游軍書上玉堂探。

年上。主壽考。亦主己身之疾病。骨肉起主一生無病。缺陷者多災。有痣主貧苦。低陷妨妻。青色主一年疾病吊客喪門之厄。白沖兩眼。主一年內凶禍悲泣。黃色如半月樣者吉。赤色至天中。有爭鬥之危。黑如指大。號為鬼印。更看鼻孔有冷氣。即死。

夫座。左為夫座。右為妻座。主吉凶之位。又主婚姻及孕男女。光澤。主男得美婦。女有佳偶。有黑痣。男妨妻。女妨夫。

長男。主長男之位。定長男好惡。平滿者吉。黑痣喪長男。乾枯者無子。臥蠶厚而光潤。子定五六。臥蠶紋裂。必無子孫。有亦剋。三陽火旺。必主誕男。三陰木多。定須生女。臥蠶紫色。必產貴兒。臥蠶豐滿而多男足女。淚堂坑陷如嵌。常是悲啼不絕。臥蠶黃紫色瑩。陰陽之官。及金匱光明。子孫必貴。

中男。主中男之位。定中男吉凶。色好主得力。黑痣主無中男。

少男。主少男之位。定少男善惡。光明者吉。枯陷者無子。婦女有黑痣則妨夫。外男。主外子孫。

金匱。主金銀之位。又主財帛庫。平滿色澤者。主積金銀。光閃者主多寶。枯陷主財乏。有黑痣常被盜。黑氣如弓。主凶。應九十日內。

禁房。主禁內外之關鍵。平滿色澤者。盜賊無害。且不得入禁內。青氣臨位主盜。白色一絲。主姦淫曖昧不明之事。

盜賊。主竊盜之位。見青白色。被盜。發惡色者。賊人也。

游軍。主邊方之職。又主遠任差遣。平滿色美者。宜任遠方之官。色惡不宜遠行。

書上。主文書上陳。又主經學之位。論文章才學。若潔靜而平滿者吉。黑痣。主無學問。

玉堂。主金馬玉堂之位。有紋痣及缺陷者。無位。

賦曰。年上黃明。無災有慶而永壽。夫座光澤。夫唱婦隨以齊諧。金匱豐隆。儲糧可以廣蓄。禁房堅壁。盜賊安能覬覦。游軍一部。喜色潤有塞外之慶。長男三宮。看乾潤質有無之徵。

【年上部位詩 四首】

年上光明氣色華。胸無荊棘樂亨嘉。壽齡必得災危少。福履悠悠事業奢。

左看夫宮右看妻。豐隆色澤笑蘭閨。有紋有痣重刑剋。伉儷何會得兩齊。

男女有無看子宮。兒孫環列子宮豐。紅黃陰騭心田好。百世榮昌在此中。

金匱相依有禁房。豐隆潔淨千斯倉。暗枯必定多驚怖。也恐穿窬盜賊強。

年上堆塵。宿痾纏體。妻位開朗。中饋維歡。

男位痣生。蘭桂安保。金匱色潤。鏹寶頻來。

盜部黃明。程途遠而無慮。禁房暗慘。竊賊侵而莫妨。

玉堂黃光。享家庭之祥。游軍色澤。奏邊塞之功。

【壽上部位捷徑橫列十一位】

第八壽上甲匱依。歸來堂上正面時。姑姨權勢好兄弟。外甥學堂命門基。

壽上。主壽考。察命之長短。決事之吉凶。隆高者主壽。低陷者無壽。青色死。白色點點如梅花。上貫眼印。重五七日死。輕一年內死。白色主父母病。忽然白色一日不散。如錢大者。春見三旬內大災餘季。一年內主大厄。黃色主喜慶。赤黃如亂絲。主巡使行千里之外。又名怪部。青色赤黑相雜者。主家內怪兆。重應山林山石魍魎為怪。輕應欄櫪井竈斧鳴井溢鬼狐為怪。

甲匱。一名財府。又名財庫。主財帛之有無。豐隆多財。平滿光澤。一生足用。若乾枯缺陷色暗。一生乏財。骨起分明者。金玉盈室。發黃氣旬日內有財喜。

歸來。主役家信人之位。光澤色黃者。行人不出月至。枯燥者。主不來。青黑者行人主凶。

堂上。主六親之位。紅顏光澤色黃者。主親戚相聚之喜。色滯多不合。梨花色。亡外親。

正面。看人性難易之位。眼下一寸三分是也。色燥缺陷者性難。色澤端好者性易。正面紫氣。上連天中。下貫中部及準。有印玉紋。主封拜之象。一寸明者。八十日內。受印有權。

姑姨。主姑姨之位。左看姑。右看姨。骨起色好者。姑姨美好。枯燥者姑姨多病。缺陷者無姑姨。

顴勢。主威勢之位。端聳豐澤者。有權勢。低陷者無勢要。關鎖之法。乃顴骨也。顴者。權也。權勢之事。若尖露而不豐厚者。主當權反覆。顴尖者躁暴。顴露者孤躁。左顴。羅睺曰首。右顴。計都曰尾。揖讓不欺。可主權衡之事。若見顴骨起有關鎖。自然興家。若低陷無關鎖。衣食難充。骨破者。終身災禍。青白色見。主兄弟有傷。為官去位。有黃紫如印如圓珠。主一百二十日陞遷。

兄弟。主兄弟多少之位。又為姊妹之位。見偏窄。刑姊妹。端圓光澤者。兄弟強而聚。乾枯者。兄弟弱而散。兩頰如雞子者。主單身一世。青白及暗慘枯之色。兄弟傷剋。

外甥。主外甥之位。平滿色澤。定外孫多寡。枯暗則無。凡父母。兄弟。妻子。姑姨。姊妹。伯叔。各部上青色。主病。白色主哭。

學堂。在耳前。主文學之位。若豐滿明潤。骨隆端正潔靜者。文學聰明。如骨陷色枯塵垢黑痣者。則無學問。

命門。主壽考之位。定壽命短長。即耳前骨也。骨起入耳。百歲不死。

賦曰。壽上赤色。定主膿血之災。正面黃光。乃為允吉之兆。多寶多財。皆因甲匱豐滿而色潤。有權有柄。蓋為兩顴端聳以黃紅。歸來色黃。音信定在旦日。堂上暗慘。親情必致參商。姑姨之方。骨起色明而多興隆之美。兄弟之位。端圓光澤而盛棠棣之華。命門應壽考。骨起而享遐齡。學堂主文思。豐隆而徵淵博。

【壽上部位詩 四首】

壽上豐隆壽命高。相依甲匱要堅牢。歸來若問親情事。堂上色明興盡豪。
正面宜開貌不愁。濃濃紫氣定王侯。姑姨妯娌如何好。色帶紅黃事事周。
兩顴矗矗插天倉。不露不尖勢若張。眉目有威相拱照。郎官也可侍君王。
弟兄姊妹有無間。從此推詳造化關。豐卻成行低卻少。並參羅計一般般。

壽上高隆。其人當如彭祖。甲匱寬廣。此輩定是石翁。
顴勢骨低。手足蛇鼠。兄弟色慘。棠棣參商。
子孫不昌。皆因正面位狹。幼歲無忌。只是堂上骨橫。
學堂瑩瑩。多聰俊而利子。命門炯炯。應賢良而益夫。
貌欹顴高。堪作書吏。鼻隆壽陷。定是強樑。

【準頭部位捷徑橫列十一位】

第九準頭蘭廷正。法令竈上宮室盛。典御囤倉後閣連。守門兵卒記印綬。

準頭。為中嶽。端圓平正充滿者。富貴有官爵。準頭齊者。心性慈。準頭尖薄。心多毒。妨妻兒。小薄俱貧。鷹嘴者性極毒。計巧奸貪。豐大與人無害。準頭黃圓如釵。光明不散者。三年內必遇神仙。黃至法令。主父母妻子吉慶。白色圓光。主水厄枷鎖。應六十日內見。黃色紫霧。生貴子。官主遷職。大利。紫氣如一月。加進祿位。得好馬田宅。大喜。赤色如虹。大小立有官災。或遭火盜。

蘭廷。在準頭兩旁。左為蘭台。右為廷尉。成就平好者。主聰明見識。色慘主凶。應半月之內。福去禍來之兆。白色連圓光。主應年內水厄。黑主下淚。赤色主一月內加章服。

廷尉。同上斷。

法令。主號令之位。端靜分明者。主施教令人咸服。一名金縷。又名壽部。有紋又謂之壽帶絛。長而美。重而分者。主高壽。又名酒舍。主衣食。紋若過口。壽主九十。不過口。中壽。又法令長至地閣者壽極。男女團圓。夫妻偕老。終主富足。臉上黑氣入法令者。主妻病連年在牀。見黃色必瘥。春夏見黃於法令。主父母妻子吉慶。紫色合得姬僕。兼得敕命。九十日應。骨起為大理寺卿少卿等官。色惡主多厄。廷尉有黃色連印綬至法令。主陞遷。無法令。乏食壽夭。法令縱口。謂之螣蛇鎖脣。必主餓死。

竈上。主宅舍居正之位。平滿主有宅舍。缺陷無屋居住。

宮室。主房屋之事。在竈廚之旁。黃明者吉。色惡缺陷者。主妻夭死。

典御。主奴僕之位。看奴僕婢女多少。平滿一生不乏奴婢。缺陷枯燥。一生無奴婢。

囤倉。主食祿之位。平滿主有食祿。缺陷主饑死。發青色。主憂官災。

後閤。主寄居之位。亦名承使。看寓住往來休咎。骨肉豐起。一生不寄住。缺陷定走他鄉。有白色者。主泣。

守門。主財祿之位。又名地倉。主私廩官祿。平滿無黑痣。主家道富。缺陷主一生無祿。青色點點者。主有口舌。白色者九十日內死。黃色吉。

兵卒。主營伍。當分官吏庶民之辨。

印綬。主兵使之位。平滿有兵驅使。缺陷無兵使用。色惡不吉。

賦曰。準頭最要豐厚。司財帛而見人之正邪。蘭廷尤當明朗。應秩爵而知人之成敗。法令宜長。徵乎壽考衣祿。竈上宜滿。明其棲居有無。宮室黃明而有慶。囤倉平滿而多儲。守門堅牢而家藏鏹寶。印綬黃色而戶納貔貅。

【準頭部位詩 四首】

準頭關係最多評。明潤豐隆福不輕。借問貧勞奸詐大。鼻如鷹嘴百無成。
威儀拱照是蘭廷。不露不偏輔弼星。稟性真誠多義路。平生得志且長齡。
法令安名壽帶傺。最宜長露莫如刀。縱紋入口當饑餓。短促由來命不高。
竈上囤倉不可空。一生衣祿在其中。端詳顯宦鵬程遠。印綬黃明紫氣雄。
順適官高。準頭真如懸膽。艱難命蹇。蘭廷宛似削筒。
法令不明。困頓終無了日。竈上皆露。迍邅起自幼年。
囤倉豐隆。坐家可以食祿。宮室虛陷。出外豈能營謀。
印綬黃明。職掌兵馬。典御平滿。家擁妻孥。
鼻準尖。而至老奸佞。風門仰。而中年大虧。

【人中部位捷徑橫列十位】

第十人中對井部。帳下細廚內閣附。小使還到妓堂前。嬰門博士懸壁路。

人中。主人心性。又主子息。欲長而深。溝洫之象也。亦名溝洫。溝洫疏通。則水流而不壅。淺而不通。則水壅而不流。大抵欲長而不欲縮。欲深而不欲淺。欲正而不斜。闊而不凸。皆善相也。其或狹而短。小如線。皆貧夭相也。左偏損父。右偏損母。凡斜曲者。心地必曲。深直平廣者忠信有子。斜搴而短者。孤夭而賤。滿而孤。上寬下狹者。很僻好積。上狹下寬者。巧計破財。有黑痣者。抱養他人之子。女子當自出嫁。紋理俱不宜。赤光青黑氣垂之。主應十個月脫職水災等凶。白色橫過。主藥毒死。有黃色主多年遠信至。人中及口邊黑色。七日內橫死。

井部。主田宅之位。又名仙庫。平滿者宜田宅。缺陷者貧窮。有黑痣。主溺死。

帳下。主帳廚之位。豐潤主有廚帳。窄狹主無帳廚。紫色如錢形者。二十日後成名。有陰德之功。遇災無咎。赤色如豆。不出月內與妻鬥。

細廚。主飲食之位。平滿主酒肉食足。缺陷平生乏膳。發色惡者為食死。白色為酒食致死。黑痣饑死。黑色主囚繫饑死。黃色酒暴死。紅紫氣發。進奴婢。

內閣。主閨閣之位。豐滿者閨閣深遠。色惡缺陷者。閨閣淺穢。

小使。主小使多少。有黑痣不得力。

妓堂。主妓樂女妾有無。平滿者主足妓女。有黑痣缺陷無。

嬰門。主家中小兒之位。豐厚則吉。

博士。主醫卜星學之位。若缺陷則無成。

懸壁。主珠玉之位。高峻色美者。家蓄金玉。色惡缺陷者。金帛有失。

賦曰。人中之為溝洫。溝洫之喜疏通。微微似一線之紋。促命而苦。亭亭如破竹之仰。俾壽而昌。若還黑痣潛生。必抱他人之子。乍見鈎紋穿透。多生六指之兒。露紋橫直。定產不育之胎。黑痣唇搴。應得無媒之婚。井部開而多田宅。帳下闊而享廚鮮。內閣無紋。知繡戶之有慶。懸壁不倒。聚珠玉之多藏。

【人中部位詩 四首】

人中短促夭天年。長廣無偏福壽綿。紋痣若生溝洫裏。己身恐怕不周全。

井部分明席履豐。任君浪蕩不奇窮。嗤他一世貧寒子。個個都為井竈空。

帳廚豐厚任盤餐。貧富無拘一樣看。惡氣濛濛塵垢色。酒漿之毒利如棺。

妓女有無看妓堂。妓堂平滿妓成行。羨他懸壁真高峻。自得青蚨飽槖囊。

溝洫深長。福子孫而延壽。井部開闊。廣田宅而好施。

懸壁無虧。正大殷實之士。細廚見陷。宵小酒肉之徒。

嬰門肉豐。兒孫重重膝下。妓堂骨起。侍妾濟濟庭前。

【正口部位捷徑橫列十位】

十一正口閣門對。比鄰委巷通衢至。客舍兵蘭家庫中。商旅生門從續繼。

正口。主信義充實。口為水。主末年之氣數。人大口小。非貧則夭。人小口大。非富則貴。上唇要如弓。下唇要如綱。務要稜角分明。男人口闊喫十方。女人口闊守空房。平正稜成者。有信行。尖薄低凸者。多詐妄。口角若起。食祿有餘。口角垂者。衣食不趁。唇薄主小聰。好説是非。唇厚主福而沉靜。正口青黑色。主死。口邊黑七日內橫死。三陰部黑發。形如衣帶。沖入口邊。主死。百日內應。赤在正口兩邊角相接。二年內餓死。赤色上下過口。主十日口舌。至如赤色點點入口。主口舌爭訟。正口紅色者。主吉慶。

閣門。主閨帳之事。亦主閨閣深淺。色惡幃帳有變。

比鄰。主鄰居之位。平滿色好者。主有德鄰。色惡兼黑痣。不得鄰里力。多有惡人。

委巷。主鄰巷好惡。又主巷陌穢靜。發色惡者。主被劫。骨起者。無賊害。

通衢。主道路。亦名劫門。色好者利出入。色惡者主失財。

客舍。主賓客之位。平滿端好者。好賓客。黃色現。有嘉客至。

兵蘭。又名兵列。主驅使之位。平滿者。驅奴使婢。缺陷者家無走使。

家庫。亦名家倉。主倉穀之位。平滿色好者。足穀倉。缺陷色惡者。家虛空。

商旅。主興販好惡。平滿者興販得利。缺陷者不吉。

生門。主生殺之位。平滿者吉。暗慘者凶。

賦曰。口闊唇方。必定有財有祿。口小唇薄。終須說是說非。口可容拳。能借玉階之地。唇不蓋齒。必惹毀謗之嫌。皺紋在唇。到老嗟怨莫解。螣蛇入口。定知餓死無疑。比鄰平滿。乃得王翰而結芳鄰。客舍色明。可追孟嘗而迎珠履。兵蘭有勢。掌握驅使之權。家庫無虧。享盡繁華之美。

【正口部位詩 四首】

正口端方信義行。唇紅齒密最聰明。時人貧苦多奸巧。便是歪斜兩角傾。

閣門要闊比鄰寬。里有德鄰繡戶歡。兩位不宜橫雜色。濛濛薄霧怎求安。

委巷通衢仔細詳。微微青黑惹災殃。行人盜賊無些慮。要取平安色帶黃。

客舍紅黃俠客來。豐隆家庫自多財。相君逢難皆逃去。廣闊生門豈有災。

口方角彎。自食朝廷重祿。唇紅齒白。常趨宮闈崇堦。

聚庫充盈。席豐履厚。商旅隆滿。積玉堆金。
比鄰青橫。禍生里俗。客舍黃見。喜迎嘉賓。

【承漿部位捷徑橫列十位】

十二承漿居宅安。還有外苑林苑看。下墓莊田酒池上。郊郭荒坵道路寒。

承漿。主飲食。亦名酒池。其中有肉起。謂之酒海。有黑痣者。不宜飲酒。主酒醉而死。又主落水而亡。平滿者多飲多食。常招宴會。喜闊容指。而最嫌尖窄偏陷。色惡因酒成疾。肥厚兩邊有骨起。中心成坑聳上者。主有百杯之量。骨起進官祿。缺陷主溺水亡。承漿骨滿朝天者。主富足。青黑色主因酒而亡。冬有黑色。主穿井得物。時常黑色。因酒死。一名藥部。陷主服藥無功。

居宅。主祖父自置居宅。光潤者吉。平滿者主華屋。缺陷者主無宅宇。有黑痣棄祖移居。如紅絲亂紋。主無田宅。

外院。主牛馬田莊。平滿者有牛馬田莊。缺陷破者無。

林苑。主山林園苑。平滿者有山林園苑。缺陷者無。

下墓。主墳墓田地之位。光澤者吉。豐滿色好者。主有田墓。缺陷色枯者。積代不葬。黑子主饑死。白色酒醉之禍。

莊田。主田業之位。平滿者富貴。青黑色憂。乾枯面如塵土。皆不吉。

酒池。主酒食。豐滿者吉。有紋痣。因酒喪命。或成酒疾。

郊郭。主雞犬豬羊之位。平滿者主進豬羊雞犬。缺陷色惡。主損六畜。

荒坵。主墳墓之所。交易之位。光澤者吉。紋痣缺陷者凶。

道路。在荒坵之旁。主行人。光潤者吉。

賦曰。承漿雜紋。恐防河伯之厄。承漿平滿。善能杯酒之歡。平板不見。決然破業敗家。紋痣頻生。定因困酒喪命。祖宅亂紋。終須賃屋而居。下墓暗氣。須知塚塋有傷。莊田平滿。乃得安享之榮。郊郭豐隆。自有倉箱之積。

【承漿部位詩 四首】

承漿骨起酒中緣。遇着酒家口墮涎。黑痣頻生名酒鬼。看他不久到黃泉。
祖宅光明祖業多。華堂院舍任君窠。紅黃應斷來餘慶。蘭桂盈堦衣錦羅。
酒池有黶舉觥狂。勸頌前賢戒酒章。惺眼看人為酒困。古今多少悞稱觴。
郊郭豐盈六畜興。荒坵明朗應墳徵。其間惡色來侵位。家宅不安問老僧。
居宅青浮。宜慎刀鎗之厄。莊田氣慘。應避災禍之驚。
承漿痣生。杯常在手。酒池紋亂。命喪於江。
外苑豐隆。牛馬田莊並進。郊郭平滿。雞羊豬犬成群。
荒坵平平。因色澤而貿易屢中。下墓黯黯。堆青苔而墳墓有傷。

【地閣部位捷徑橫列十位】

十三地閣下舍隨。奴僕碓磑坑塹危。地庫波池及鵝鴨。大海舟車無憂疑。

地閣。即坎宮。為水星。又為田宅宮。即北嶽也。主田地基址。屋宅奴僕。端方平厚者。貴而富。狹薄削小者。貧賤。兩角肉重者富貴。若肥厚必主田宅發。中末衣食蓄積。破缺者破家。長肉重飽滿者。主得妻財。瘦而破者。破祖業。不得父母之力。無地閣者。一生無根基。獨地閣長而他無稱者。主老無居住。尖而無肉。成敗不常。末主無財。或生有紋。中凹有破缺者。或爭陂塘官事。左邊黑起。奴婢死。右邊黑奴婢病，或損血財。有紅黃則有喜。富家則進田地。庶人得橫財。赤色主田宅官事。青色有大憂。黃色主入宅進業之喜。赤紫相兼牛馬死。

下舍。主外舍房多少。平滿者多外舍。缺陷有黑痣。一生貧而無居。

奴婢。主奴僕之位。平滿者多奴婢。缺陷有黑痣。一生乏奴婢。

碓磑。主碓磨之位。平滿者有。破陷者無。

坑塹。主坑塍園塹。平滿有。缺陷無。

地倉。一名地庫。主倉庫之位。豐滿贏餘。缺陷無。左右有骨。主遷官任事吉。

波池。一名陂塘。主池塘水田之位。平滿者。有陂澤。缺陷者。無田湖。有黑痣涉江湖而死。不可涉水。發惡色者。主口舌。

鵝鴨。主畜養牲禽之利。看多少之數。鵝鴨。奴婢細廚。兩邊直下。則是二部肥厚肉起。足奴婢。多鵝鴨。瘦枯薄不吉。紫氣發。主進奴僕。

大海。主水厄之位。赤色主溺厄。有痣色惡皆同。黃色宜涉江海。

舟車。主遠行。氣色潤澤者吉。

賦曰。地閣主富貴之根基。宜厚而肥。末景行運限之否泰。須朝而峻。北方公侯大貴。蓋因頤口寬隆。南人財帛盈箱。只緣頷頦朝拱。下舍無虧。知奴僕之有自。地庫不缺。想豐盈之無差。波池紋見。不遭水厄。定逢口舌之連。鵝鴨痣生。無大凶危。或有牛馬之失。

【地閣部位詩四首】

地閣端隆晚景亨。天揖地朝衣錦榮。燕頷聲響公侯相。惟有北人早得名。
下舍分明廣宅田。頤尖哪得一囊錢。要知奴僕妍媸訣。厚則成群薄不然。
地庫豐隆富有餘。天倉相應始真如。奇珍異寶盈千萬。兩地都全果不虛。
波池最怕痣紋侵。恐涉江湖沒處尋。若見紅黃明潤色。凶星去了吉星臨。
地閣尖偏。雖免風塵困苦。乾宮朝拱。須知僕馬興隆。
安享家肥。下舍豐厚。欣居屋潤。波池皎瑩。
北嶽豐隆。功名見於晚景。地庫盈滿。富有定在中年。
大海生紋。宜防江河之厄。舟車見痣。恐遭盜寇之虞。
腮頤見虧。常嘘嘘而莫足。頷頦並削。徒碌碌以無成。

面部橫列十三部位位置圖

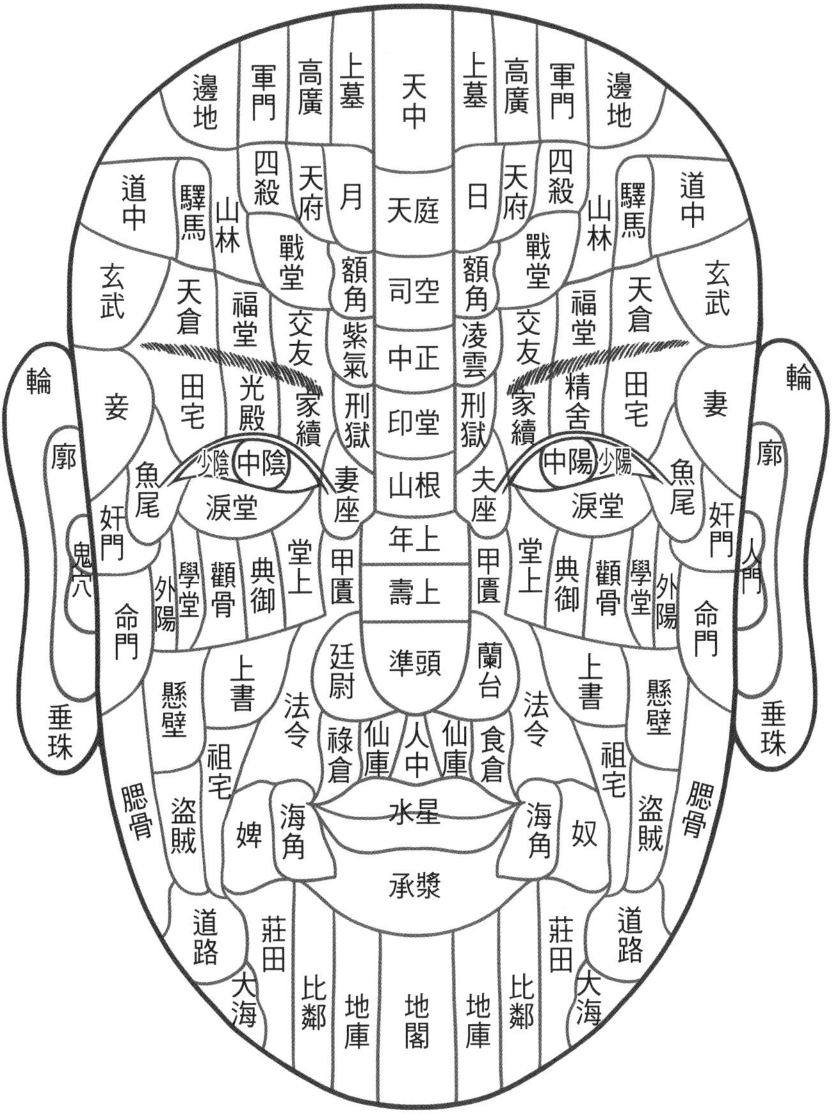

【百歲流年圖】

面上部位，各有不同的代表歲數，由一歲開始，便可透視流年的起跌高低。部位佳者，當年運佳；部位有缺者，當年不免運蹇，是察看個人運氣的重要參考。

蘇民峰面相百歲流年圖

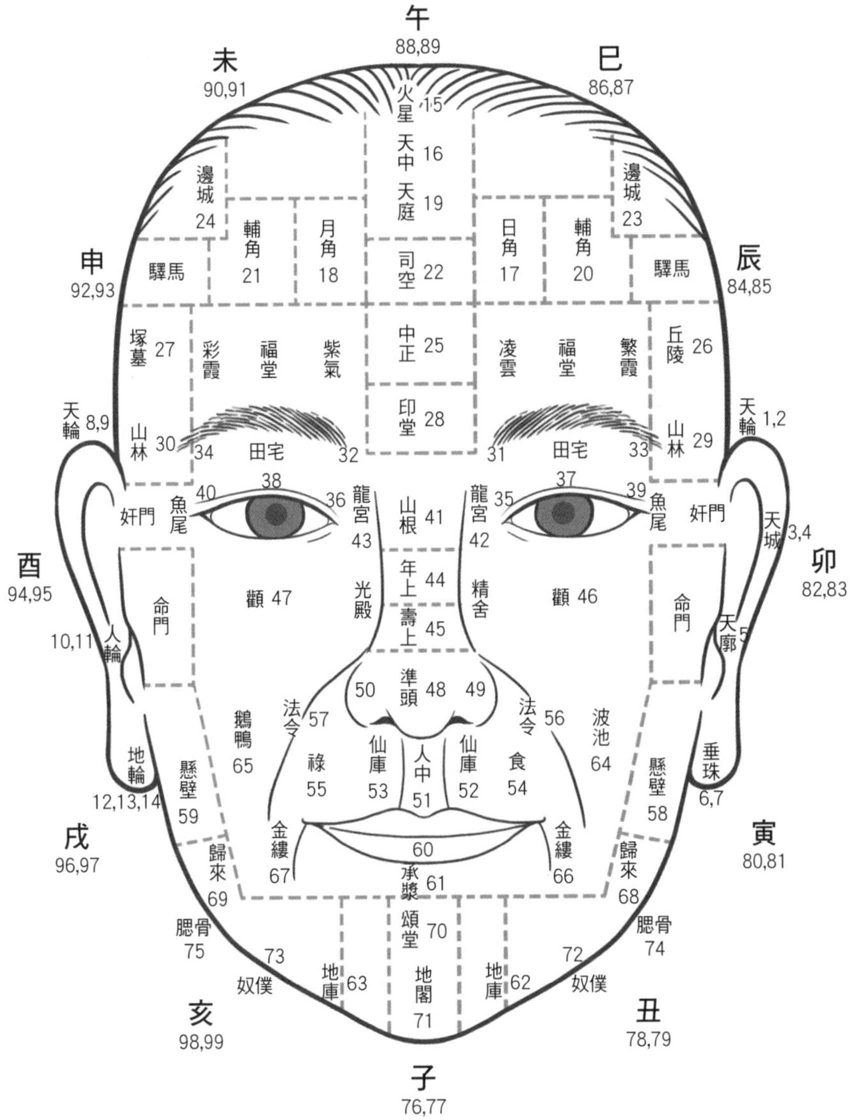
午
88,89
未
90,91
巳
86,87
火星 15
天中 16
天庭 19
邊城 24
邊城 23
輔角 21
月角 18
司空 22
日角 17
輔角 20
申
92,93
驛馬
驛馬
辰
84,85
塚墓 27
彩霞
福堂
紫氣
中正 25
凌雲
福堂
繁霞
丘陵 26
天輪 8,9
山林 30
印堂 28
天輪 1,2
山林 29
34
田宅
32
31
田宅
33
38
37
40
36
龍宮 43
山根 41
龍宮 42
35
39
奸門
魚尾
魚尾
奸門
天城 3,4
酉
94,95
卯
82,83
年上 44
光殿
精舍
顴 47
顴 46
命門
命門
壽上 45
10,11
人輪
天廓 5
50
準頭 48
49
法令 57
法令 56
鵝鴨 65
波池 64
地輪
懸壁 59
祿 55
仙庫 53
人中 51
仙庫 52
食 54
垂珠 6,7
懸壁 58
12,13,14
戌
96,97
金縷 67
60
金縷 66
寅
80,81
歸來 69
承漿 61
歸來 68
腮骨 75
頌堂 70
腮骨 74
73
72
奴僕
地庫 63
地閣 71
地庫 62
奴僕
亥
98,99
丑
78,79
子
76,77

一般流年運限圖

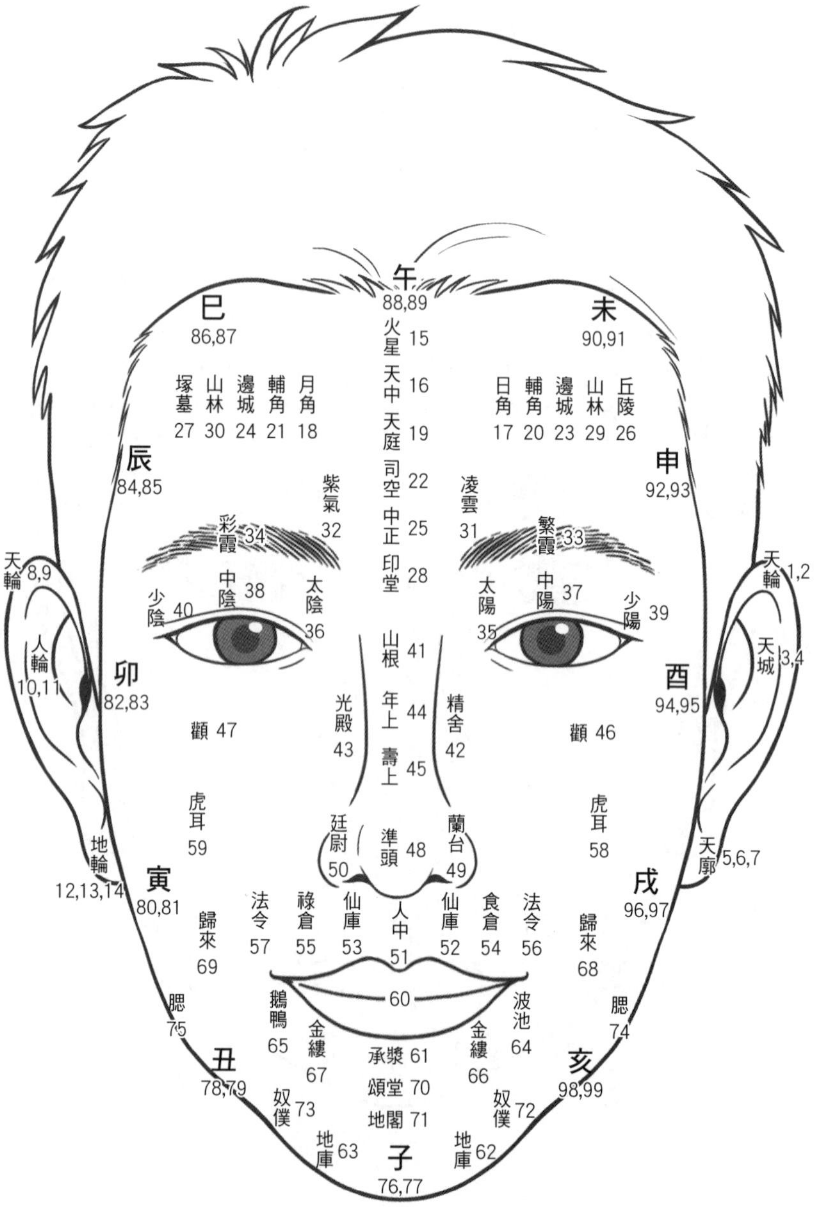
午
88,89
火星 15
天中 16
天庭 19
司空 22
中正 25
印堂 28
巳
86,87
未
90,91
塚墓 27
山林 30
邊城 24
輔角 21
月角 18
日角 17
輔角 20
邊城 23
山林 29
丘陵 26
辰
84,85
申
92,93
紫氣 32
凌雲 31
彩霞 34
繁霞 33
天輪 8,9
天輪 1,2
中陰 38
太陰 36
少陰 40
太陽 35
中陽 37
少陽 39
人輪 10,11
天城 3,4
卯
82,83
酉
94,95
山根 41
年上 44
壽上 45
光殿 43
精舍 42
顴 47
顴 46
虎耳 59
虎耳 58
廷尉 50
準頭 48
蘭台 49
地輪 12,13,14
天廓 5,6,7
寅
80,81
戌
96,97
法令 57
祿倉 55
仙庫 53
人中 51
仙庫 52
食倉 54
法令 56
歸來 69
歸來 68
60
腮 75
腮 74
鵝鴨 65
金縷 67
承漿 61
金縷 66
波池 64
丑
78,79
亥
98,99
奴僕 73
頌堂 70
地閣 71
奴僕 72
地庫 63
子
76,77
地庫 62

面相百歲流年圖

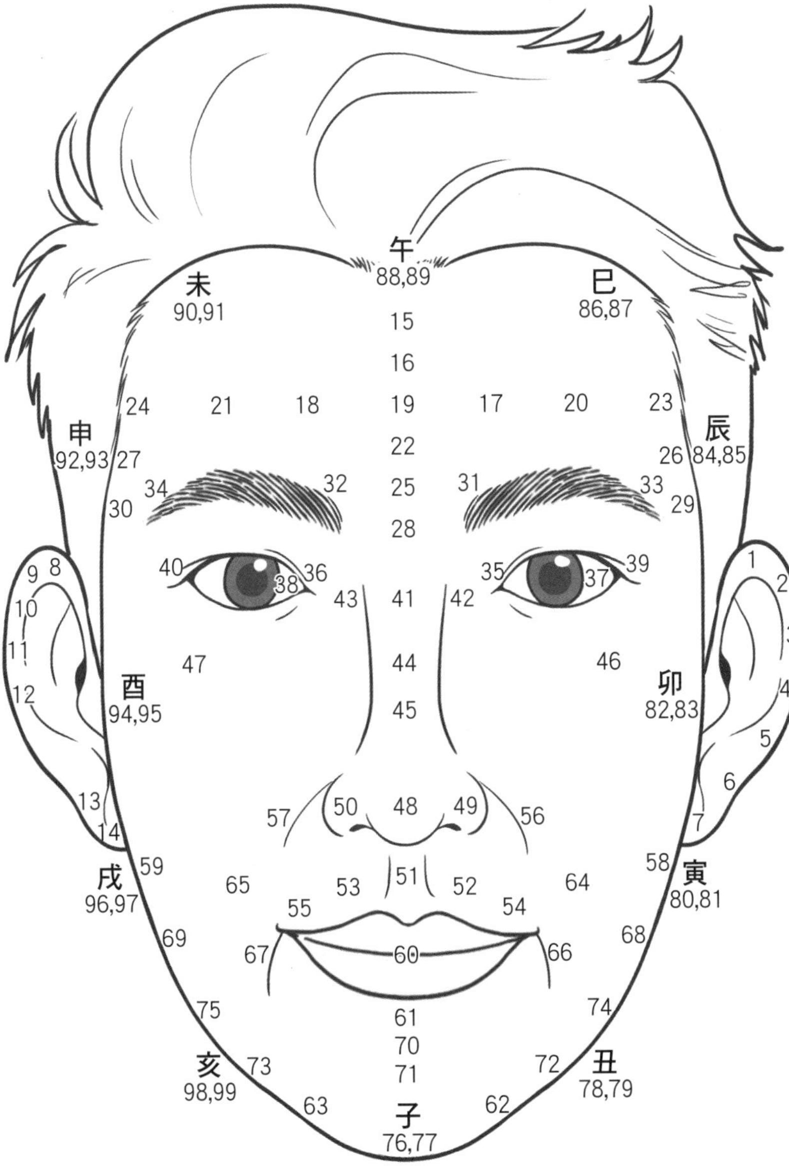
午
88,89
未
90,91
巳
86,87
15
16
24
21
18
19
17
20
23
申
92,93
27
22
26
辰
84,85
34
32
25
31
33
30
29
28
40
38
36
35
37
39
9
8
1
10
43
41
42
2
11
3
47
44
46
酉
94,95
卯
82,83
12
4
45
5
6
13
57
50
48
49
56
14
7
59
58
戌
96,97
65
53
51
52
64
寅
80,81
55
54
69
68
67
60
66
75
61
74
70
亥
98,99
73
71
72
丑
78,79
63
子
76,77
62

欲識流年運氣行，男左女右各分形，天輪一二初年運，三四週流至天城，
天廓垂珠五六七，八九天輪之上停，人輪十歲及十一，輪飛廓反必相刑，
十二十三並十四，地輪朝口壽康寧，十五火星居正中，十六天中骨法成，
十七十八日月角，運逢十九應天庭，輔角二十二十一，二十二歲至司空，
二十三四邊城地，二十五歲逢中正，二十六上主丘陵，二十七年看塚墓，
二十八遇印堂平，廿九三十山林部，三十一歲凌雲程，人命若逢三十二，
額右黃光紫氣生，三十三行繁霞上，三十四有彩霞明，三十五歲太陽位，
三十六上會太陰，中陽年當三十七，中陰三十八主亨，少陽年當三十九，
少陰四十少弟兄，山根路遠四十一，四十二造精舍宮，四十三歲登光殿，
四旬有四年上增，壽上又逢四十五，四十六七兩顴宮，準頭喜居四十八，
四十九入蘭台中，廷尉相逢正五十，人中五十一人驚，五十二三居仙庫，
五旬有四食倉盈，五五得請祿倉米，五十六七法令明，五十八九遇虎耳，

耳順之年遇水星，承漿正居六十一，地庫六十二三逢，六十四居波池內，
六十五處鵝鴨鳴，六十六七穿金縷，歸來六十八九程，踰矩之年逢頌堂，
地閣頻添七十一，七十二三多奴僕，腮骨七十四五同，七旬六七尋子位，
七十八九丑牛耕，太公之年添一歲，更臨寅虎相偏靈，八十二三卯兔宮，
八十四五辰龍行，八旬六七巳蛇中，八十八九午馬輕，九旬九一未羊明，
九十二三猴結果，九十四五聽雞聲，九十六七犬吠月，九十八九買豬吞，
若問人生過百歲，頤數朝上保長生，週而復始輪於面，紋痣缺陷禍非輕，
運限並沖明暗九，更逢破敗屬幽冥，又兼氣色相刑剋，骨肉破敗自伶仃，
倘若運逢部位好，順時氣色見光晶，五嶽四瀆相朝拱，扶搖萬里任飛騰，
誰識神仙真妙訣，相逢談笑世人驚。

百歲流年圖為近代相者所採用之流年吉凶判斷方法，而古代看相則大多重形局、看大勢，或以氣色參看短期吉凶。

事實上，流年部位的參看價值相當高，尤其用以預測中段三十至五十歲之間的事，其準確度極高，畢竟一些不會出現大改變的部位如腮骨、顴骨、鼻骨等，很少會因不同年歲而產生重大的變化，故這仍是十分重要的參考。

況且從事命相業者，不能單單斷言人之形局高低而了事，故對於有志從事命理行業的人，這個普通流年法最有參考價值，熟記以後只要加以靈活運用，然後再多看眼神，感受一下被相者的內心思想，然後加以判斷，往往會有驚人的準確度。

註：看相不用分男左女右，一概遵從左面排起，然後至右面，即左耳一歲至七歲，右耳八歲至十四歲；左面日角十七歲，右面月角十八歲等。

一歲至十四歲

天輪一二初年運，三四週流至天城，天廓垂珠五六七，八九天輪之上停，人輪十歲及十一，輪飛廓反必相刑，十二十三並十四，地輪朝口壽康寧。

【耳輪平滑無缺】

耳是觀察少年期間身體及家境狀況之處，如耳輪平滑，無凹無凸，且不是生得太小，代表少年時期身體健康狀況良好，無大疾病與災難。

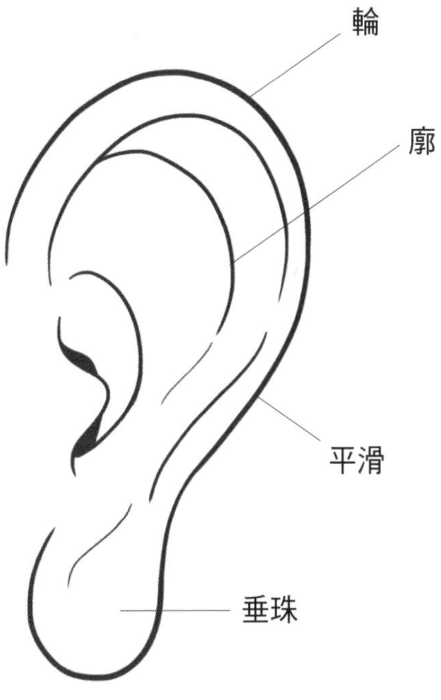

【耳輪凹凸不平】

如耳輪凹凸不平，則凹凸之處的年歲不是自身身體較差，便是家庭出現特殊狀況，狀況的大小與凹凸之大小相同。

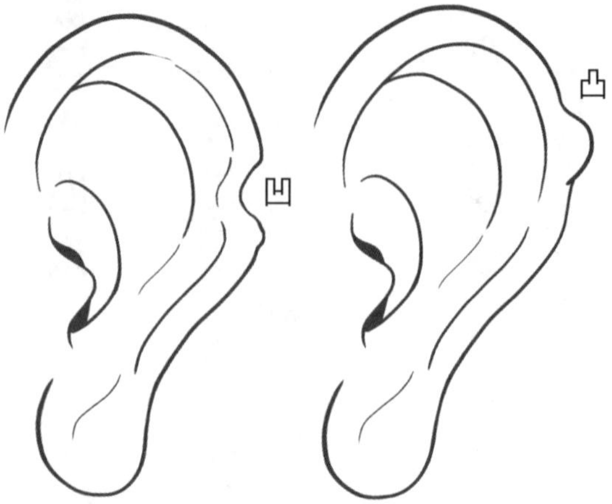

耳凸　耳凹

【輪飛】

輪飛廓反具有相刑的意思，主刑剋父母兄弟。輪飛如像貓的耳朵，輪頂尖而向上生長，一般代表與父無緣，生離死別。

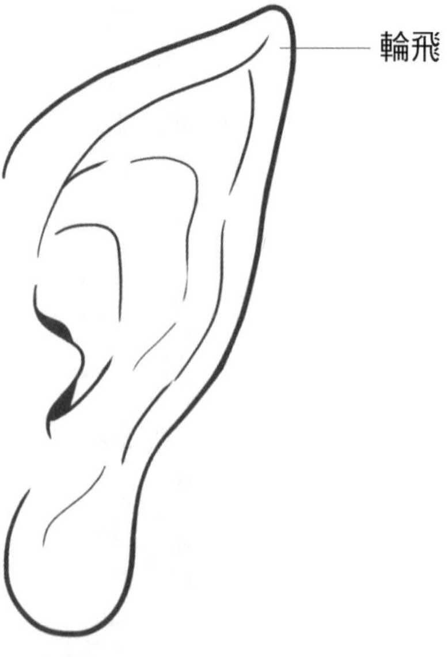

輪飛

【廓反】

廓反是廓比輪還要突出，反出來把輪覆蓋着，代表反叛性強、要面、不認輸、不聽父母之教導，這在古代社會是不容許的，但在現代社會，廓反的人比比皆是，故現代輪飛比廓反來得嚴重得多。

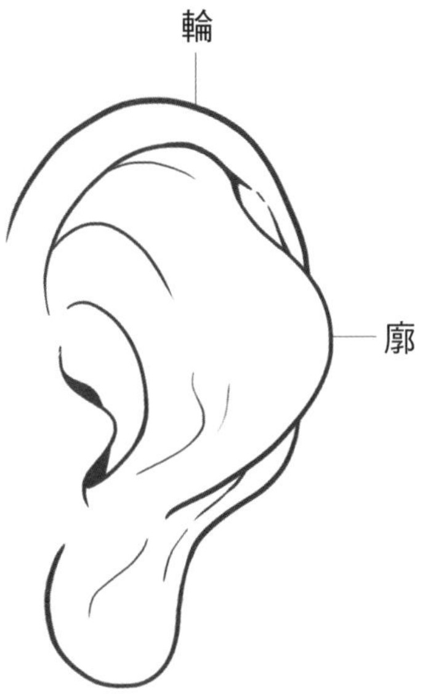

廓反

【耳有垂珠朝口】

耳看十四歲前，也看六十歲後。有謂「地輪朝口壽康寧」，意思是雙耳有垂珠，而垂珠大而向前朝着嘴巴位置，代表晚運亨通，生活富裕。

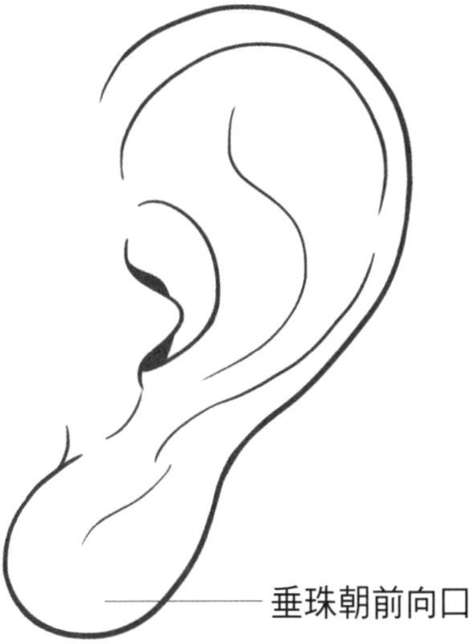

垂珠朝口

十五歲至三十歲

十五火星居正中，十六天中骨法成，十七十八日月角，運逢十九應天庭，輔角二十二十一，二十二歲至司空，二十三四邊城地，二十五歲逢中正，二十六上主丘陵，二十七年看塚墓，二十八遇印堂平，廿九三十山林部。

十五至三十歲看額，而額看天運、先天智慧、貴人長上父母的助力。詩曰：「額前聳起隆而厚，決定為官爵祿升；左右偏虧真賤相，少年父母主分離；發若豐隆骨起高，能言能語形英豪；天倉左右豐而貴，日月骨起主官曹；中正骨起三千石，陷時兒女主惶惶；女壬此相須重嫁，男雖有祿退朝堂；印堂潤澤骨起高，少年食祿掌功曹；仰月文星額上貴，面圓光澤逞英豪。」可見額之代表意義，涵蓋極廣。

好的額相，大抵有三個要求，就是高、闊、飽滿。

【額高】

額高代表分析能力強，尤以左右額角最為重要；額低則固執頑愚，事事堅持己見，難得貴人長輩扶助。

額高

【額闊】

額闊，主少年運佳或生於富裕家庭，且考試成績一般較為理想。

額闊

【額窄】

額窄者少年運一般，大多出生於普通家庭，而且少年讀書運差，大多不能讀至高級程度。

【額飽滿】

額頭是否飽滿，也能察看三十歲前的運勢。

如果高、闊，再加上飽滿，則少年時候一帆風順，能得貴人扶助，早於三十歲前已能建立一番事業；此額尤以演藝界人最常見。

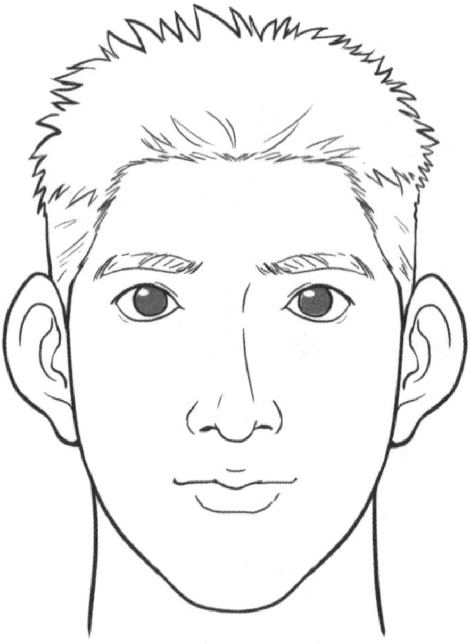

額低窄

【額不高不闊但飽滿】

額不高不闊但飽滿者，即使出身貧窮，學業成績又一般，惟三十歲前的運程亦算中平，如加上額高當然更理想。

在百歲流年歌訣當中，有「十六天中骨法成」、「二十八遇印堂平」之說。「骨法成」的意思，大抵是指在十六歲後，面上的骨格已初步成形，尤其是鼻。孩童時候一般鼻樑較低，但長大後會大不相同，故十六歲骨法成了以後，就可以從面相推詳部位了。

「印堂平」的意思是印堂要長得平滿，無眉毛相侵，因印堂為命宮，為願望之宮，印堂平滿則一生願望容易達成，人也較樂觀開心。

相反，印堂凹陷或有紋、痣、缺陷、眉侵印堂，除了一生願望較難達成以外，也代表其人個性悲觀執著，遇到逆境時較難放開心懷，嚴重者易有抑鬱傾向。

三十一歲至三十四歲

三十一歲凌雲程，人命若逢三十二，額右黃光紫氣生，三十三行繁霞上，三十四有彩霞明。

三十一至三十四歲行眉運，眉為兄弟宮，亦為交友宮，眉頭看感情，眉尾論思想，眉頭亂則感情亂，眉尾亂則思想亂，眉頭眉尾皆亂，當然主思想、感情都混亂（見下圖）。

眉頭整齊，眉尾散亂，
主其人思想混亂

又「凌雲」、「紫氣」、「繁霞」、「彩霞」其實是一個形容詞，「凌雲」為白潤之色、「紫氣」為紅潤之色，用來形容左右眉骨，因眉毛不一定長在眉骨之上。如三十一、三十二歲左右眉骨有光采潤澤之色，便代表那兩年運氣不差；相反，暗滯則意味運程不順。

至於「繁霞」、「彩霞」，則是眉的形容詞——繁霞是指眉毛較幼，但疏而不斷，清而見底，且眉色帶彩而不暗淡枯黃；彩霞則是眉粗眉濃，但不過分濃密，還見到眉根部分，且眉毛潤澤而帶光采，代表三十三、三十四歲這兩年運程通順。

眉頭亂帶箭逆生，眉尾整齊，主其人感情混亂

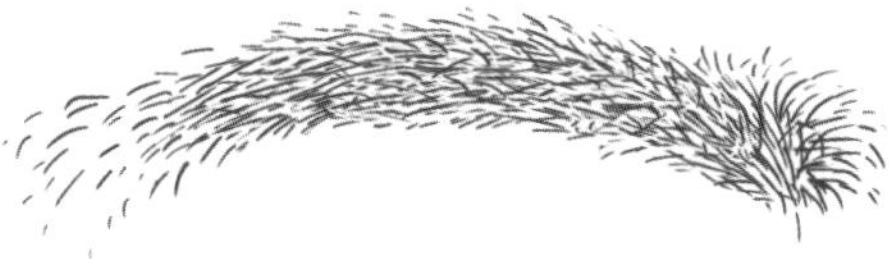

眉頭、眉尾皆亂，則感情、思想皆亂

三十五歲至四十歲

三十五歲太陽位，三十六上會太陰，中陽年當三十七，中陰三十八主享，少陽年當三十九，少陰四十少弟兄。

左眼為陽，右眼為陰，為天之日月，最宜明亮，眼珠不論何種顏色，眼白一定要白而清澈。

最忌者不睡似睡，不醉似醉，眼昏目暗，至眼運必然大敗。

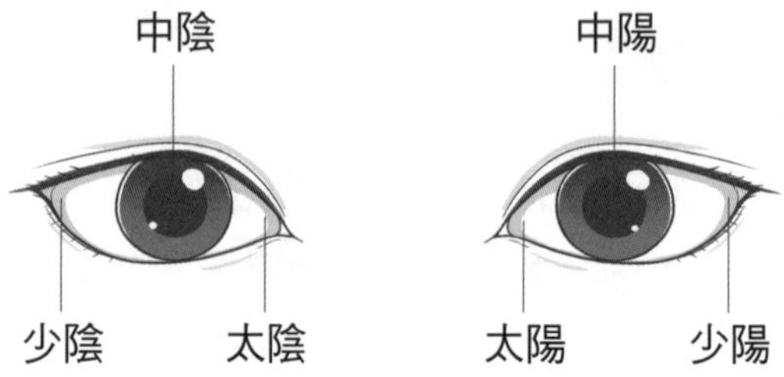

左眼為陽，右眼為陰

又眼為男女感情宮，眼昏目暗，其人一般會在感情上拖泥帶水，容易惹上三角關係，最宜在眼運三十五歲以後才結婚，這樣關係會較為穩定。

另外，眼尾為夫妻感情之位，最忌眼尾向下，尤其是女性，眼尾向下，至三十九、四十歲兩年或會很想離婚。

眼尾下垂，運至三十九、四十歲時不利婚姻，尤以女性為準

四十一歲至五十歲

山根路遠四十一，四十二造精舍宮，四十三歲登光殿，四旬有四年上增，壽上又逢四十五，四十六七兩顴宮，準頭喜居四十八，四十九入蘭台中，廷尉相逢正五十。

四十一至五十歲行顴鼻運，為眼以外第二個最重要的部位，瘦人鼻宜高長直，肥或面寬闊之人一般鼻子較細、較短，故兩顴及耳前之面肉最為重要，沒有無顴無鼻中運發者。

兩顴為權力，鼻為地位，當官者鼻重於顴，從商者顴重於鼻。有鼻無顴，無兵司令，主從官者下屬不得力，最宜從事專業；有顴無鼻則利從商，一生易得貴人與下屬之助，但不利當官，恐以下犯上，但當顧問無妨，因手段陰柔。

女性顴鼻尤為重要，蓋女性鼻為夫星，鼻細鼻短者能嫁入豪門，稀矣！

女性鼻高長直，能享夫福，自己事業亦容易有一番成就，如加上兩顴高而有肉包裹，還可以助夫一把。

女性鼻短面圓，多為助夫成家之相。

之所以說「山根路遠四十一」，是因為山根位置如有任何橫紋、直紋甚或有痣瘻，都特別容易移居異地，故有「路遠」之說。

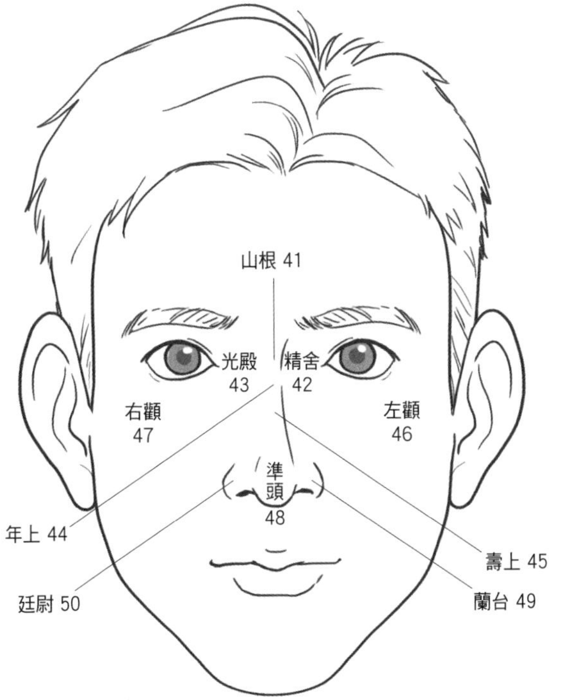

五十一歲至六十歲

人中五十一人驚，五十二三居仙庫，五旬有四食倉盈，五五得請祿倉米，五十六七法令明，五十八九遇虎耳，耳順之年遇水星。

五十一歲至六十歲主要看鼻下至嘴的橫列部位。人中要深，食祿倉和仙庫要飽滿，這樣五十一至五十五歲必然衣食豐足，運程通順。五十六、七為左右法令，在現代社會，法令紋並不重要，尤其是自由工作者，很多到老都不會長出法令紋，故法令紋深長，只代表事業大多不變，而法令紋不顯，則代表事業不定，與好壞不

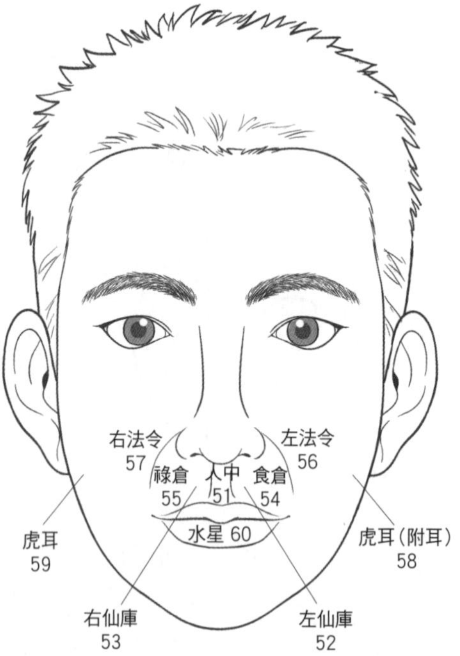

一定有直接關係。五十八、五十九歲的流年部位，為耳珠對下之虎耳，正確名稱應該是「附耳」，即附在耳珠下面的位置，以飽滿有肉為佳，代表晚境豐裕，削而無肉代表晚年辛苦勞碌。

有謂「人中五十一人驚」。人中是看子女的其中一個位置，如人中蜷縮，即上唇蜷向上，再加上準頭下垂，把人中夾着，必損子女（見左下圖）。如得此人中，在五十一歲之年，父親、自身或兒子必三損其一，尤以男性最為應驗。

「耳順之年遇水星」，六十而耳順，水星即正口。口宜緊閉，厚薄均勻，唇色潤澤，門牙整齊；如嘴歪牙疏，則踏入六十歲犯太歲之本命年，要加倍小心身體。

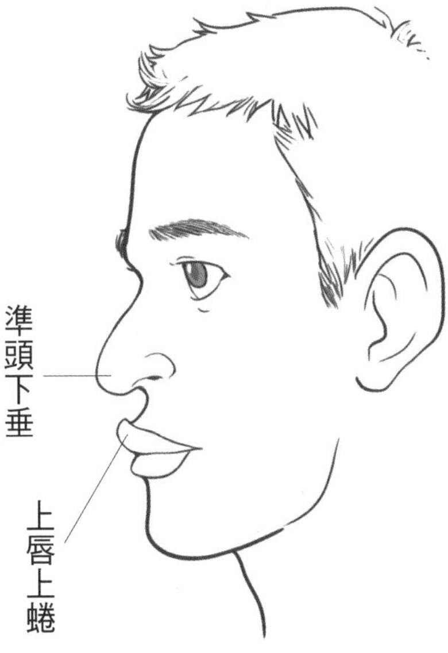

鼻準下垂，上唇蜷縮，夾着人中

六十一歲至七十歲

承漿正居六十一，地庫六十二三逢，六十四居波池內，六十五處鵝鴨鳴，六十六七穿金縷，歸來六十八九程，踰矩之年逢頌堂。

六十一歲行承漿，即嘴唇以下之凹陷處。凹者酒量佳，平滿者酒量淺，紋侵痣破者，飲食易生毛病。

六十二、三行地庫，地庫要方、闊、朝。

六十四、五行波池、鵝鴨，它們在面上梨渦之處，以飽滿為佳，如有梨渦凹陷為差。

六十六、七為金縷，乃晚年之事業線，金縷深長，晚運亨通，亦主長壽。

六十八、九行歸來，虎耳、懸壁、歸來為耳下至腮骨之位置。總的來說，歸來飽滿，晚年有兒女歸來在身邊，且生活富足，是察看晚年的一個重要部位。

「踰矩之年逢頌堂」是指七十歲，因七十歲能從心所欲。人生活至七十，在古代是值得讚頌的，故古有「人生七十古來稀」之說。但現代除了一些常常有戰爭禍亂的地方，人平均年齡較短外，一般發達地區，人平均都可以活到八十歲或以上，故當代人能活到七十歲已不是那麼值得讚嘆了。

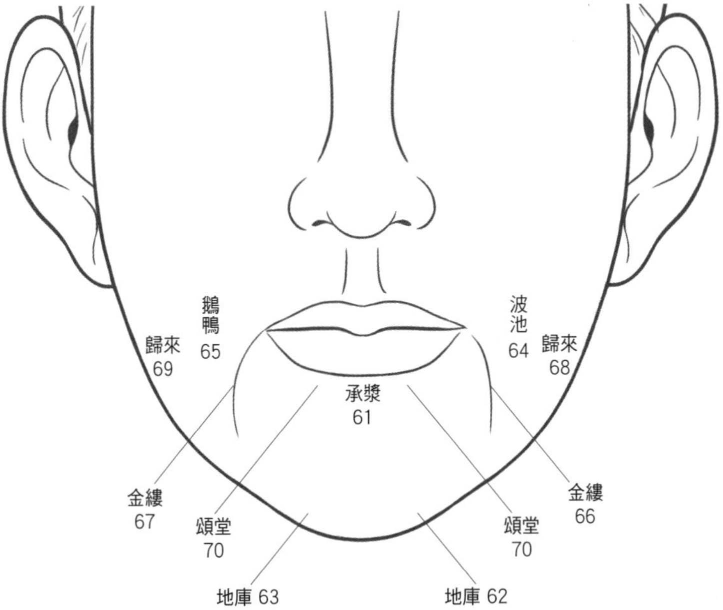

七十一歲至七十五歲

地閣頻添七十一，七十二三多奴僕，腮骨七十四五同。

地閣宜朝，奴僕宜飽滿不凹陷，男性腮骨宜方，女性宜圓，但女性腮骨帶方亦可，只是靠不到老公而已，但自己必有一番成就，晚年生活一定富足。

如地閣瀉，奴僕凹陷，腮骨瘦削或無腮骨，晚運必差，如不想晚境淒涼，六十歲前要積穀防饑，六十歲後要開始退守，如在六十至七十歲間仍在進取，到一朝見到逆轉，必然會一敗塗地，無法挽回，導致七十歲後晚境淒涼。

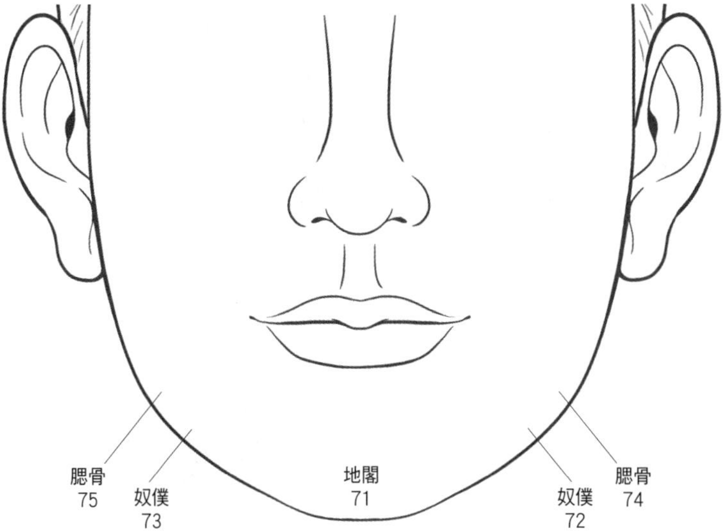
腮骨
75
奴僕
73
地閣
71
奴僕
72
腮骨
74

七十六歲至九十九歲

七旬六七尋子位，七十八九丑牛耕，太公之年添一歲，更臨寅虎相偏靈，八十二三卯兔宮，八十四五辰龍行，八旬六七巳蛇中，八十八九午馬輕，九旬九一未羊明，九十二三猴結果，九十四五聽雞聲，九十六七犬吠月，九十八九買豬吞，若問人生過百歲，頤數朝上保長生，週而復始輪於面。

其實七十五歲以後的面相部位已無需參考，部位既無理據，亦無需需要，因古代人壽年能過七十歲者可謂少之又少，故根本無實例去印證，加上從下巴開始圍一個圈，堆砌至九十九歲，實難以準確。中國人特別喜歡三、六、九之數，「九」取其「長長久久」之意。其實一個人年紀大了，最重要是看眼神、氣色，神足色明則運佳，眼黯神昏則運衰，神衰色濛則命不久矣，故老來「神」一字最為重要。

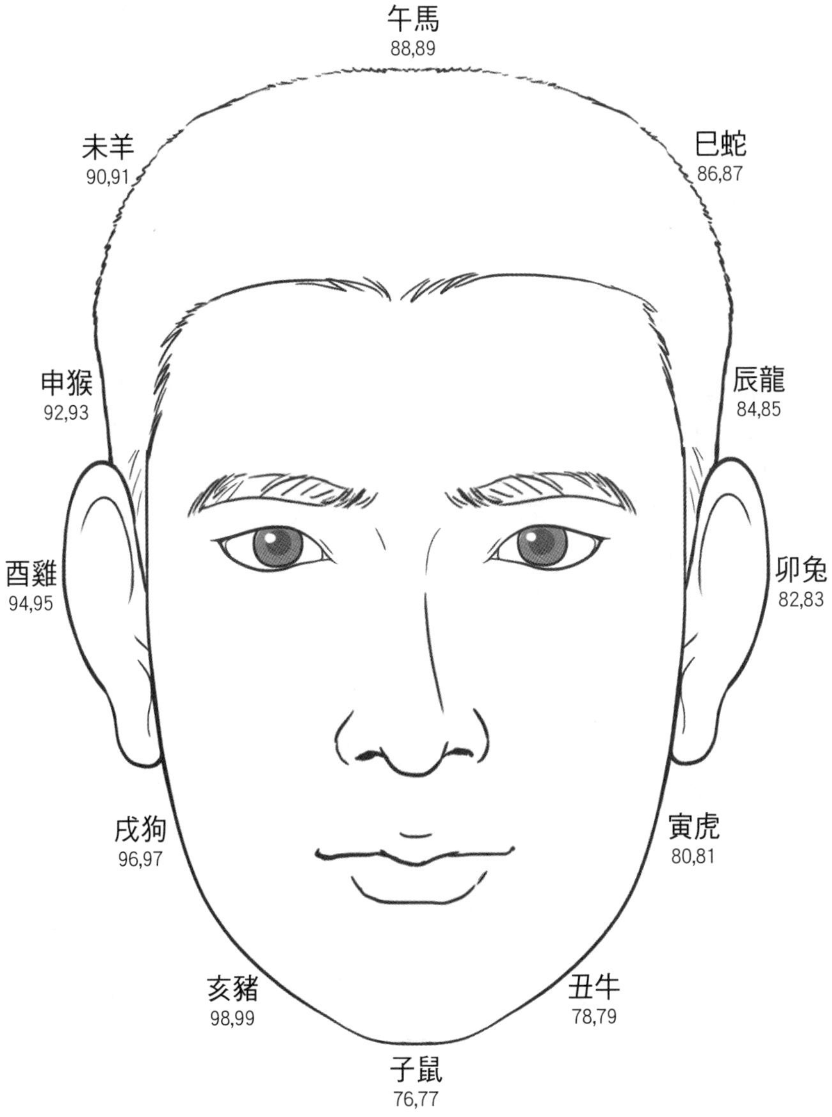
午馬
88,89
未羊
90,91
巳蛇
86,87
申猴
92,93
辰龍
84,85
酉雞
94,95
卯兔
82,83
戌狗
96,97
寅虎
80,81
亥豬
98,99
丑牛
78,79
子鼠
76,77

紋痣缺陷禍非輕，運限並沖明暗九，更逢破敗屬幽冥，又兼氣色相刑剋，
骨肉破敗自伶仃，倘若運逢部位好，順時氣色見光晶，五嶽四瀆相朝拱，
扶搖萬里任飛騰，誰識神仙真妙訣，相逢談笑世人驚。

「紋痣缺陷禍非輕」——看相除了看部位之吉凶外，紋痣缺陷亦非常重要，例如印堂開闊而平滿，本代表一生願望容易達成，但如遇紋侵、痣破，或被任何缺陷影響了，印堂平滿亦完全無用，尤以痣瘰為甚。滿面痣瘰，一般無大問題，但如整塊面平滑，但有一兩點瘰，則此細瘰必然有它要說的故事，故看相時要近距離小心細察。

有謂「運限並沖明暗九，更逢破敗屬幽冥」，中國人最忌九，「明九」即十九、廿九、三十九、四十九、五十九、六十九、七十九等，中國人都覺得生命容易有一關，故逢九歲之年必要小心；「暗九」即九執流年法，逢九年重複察看一遍五官部位，這是古代不傳的秘法。上一代相者不曾認識，有個別認識者又不肯明言，只暗晦地寫在其著作中，其中以近代的《小通天》最能掌握。

例如——

左顴四十六歲
右顴四十七歲
顴勢觀「左眉」。右顴「怪部」看。後陽定大運。

左顴——逢運四十六歲，氣透於左眉需察眉眼之善惡，鼻之氣勢，尤是怪部（即年壽是也），最要者是後陽托氣，諸部位佳者顴運方發，若雙眉不秀，鼻惡無氣，後陽再陷，縱然顴好，亦難發運矣。

右顴——四十七歲，鼻勢為先，餘部全論。

其實四十六歲看左眉，四十七歲看

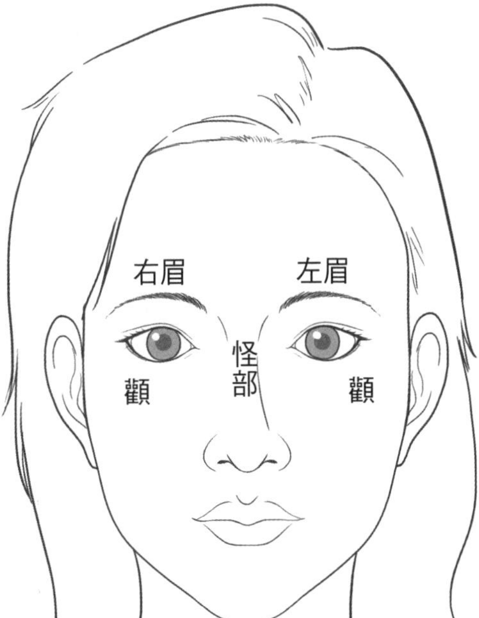

鼻，是九執流年法四十六、七所行至的部位，這是混流法，看本位再加上九執流年所走到的部位，然後再論吉凶。

又如——

準頭「鼻尖」四十八歲——準頭觀兩目。顴陷怕孤峰。水星定大運。

準頭——「鼻尖是也」。正運四十八歲。氣透於目。覆顧於顴。托受於口。雙目秀而神藏。兩顴隱隱有勢。不陷不露。口角向上。唇齒相應。本位不惡者。此年財喜重重。若雙目無神。無勢突出孤峰。水不容土者。「口劣是也」。雖然本位好亦難發運也。最忌下鉤。「乃土伏水是也」。此年定大災矣。

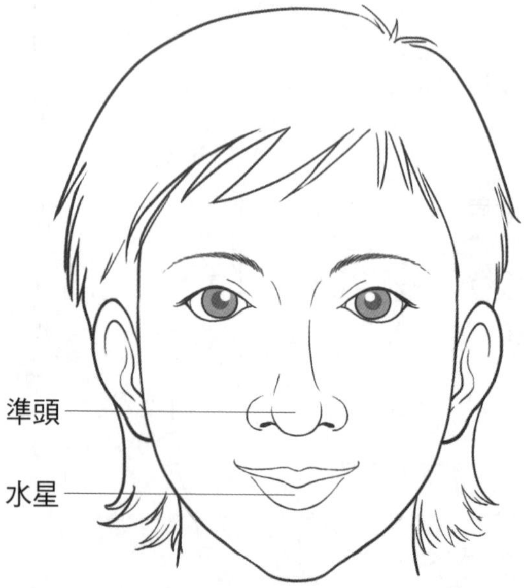

蘇註解：以上顴鼻論，顴與鼻必然要參看，顴運看鼻，鼻運看顴，此乃一定之理，而眼為官星，有顴有鼻而無眼，則其位不正。後陽為後枕，後枕為內相，顴鼻好而後枕凹陷無氣，只以表面風光而論，以上皆相學基本道理。其秘者「顴勢觀左眉」，這是不懂九執流年法的人所無法理解者；又「右顴怪部（鼻）看」，再下去四十八歲行準頭運時，變成「水星定大運」。

根據九執流年法，四十六歲行左眉，四十七歲行鼻，四十八歲行口，所以其重不在本位，反而看重九執流年法所行至的部位，未免有些偏頗。《小通天》的作者在上代相者間，懂得九執流年法已算是不錯，但他又不想完全公開此法，故在每個年歲定運時逐年寫上九執流年法所重的部位，然後再加些枝節，令不明者覺得高深莫測，明者當然一眼看穿，這是中國人寫書的一貫習慣，又想公開，又不想公開，寫得隱隱晦晦，讓後學者自己去揣摸。

至於流年歌訣末部的「又兼氣色相刑剋，骨肉破敗自伶仃，倘若運逢部位好，順時氣色見光晶」，就指運好時氣色自然通順，人看上去也會比較有神采；運逆時則滿面灰暗塵粗，又基本氣色為木青、火紅、土黃、金白、水黑。

四季之色者，春青、夏紅、秋白、冬黑。刑剋者，木型過白為金剋木，冬季發紅則水火不濟是也。

流年歌訣中，又有謂「五嶽四瀆相朝拱，扶搖萬里任飛騰。」

五嶽——額為南嶽衡山，頦為北嶽恆山，鼻為中嶽嵩山，左顴為東嶽泰山，右顴為西嶽華山。凡額飽滿，下巴朝，左右顴高而不露，鼻高長直而有氣勢，是為「五嶽朝元」，主一生衣祿無憂。

四瀆——耳為江，目為河，口為淮，鼻為濟。耳孔要大，眼要有神，嘴唇要正，鼻有氣勢為四水流通，一生錢財自旺。

最後兩句歌訣——「誰識神仙真妙訣，相逢談笑世人驚」是很多命相口訣結尾時所展現之特色。

【九執流年法（附萬法流年法、簡易流年法）】

九執流年法

上代有一點名氣的相師，無一懂得九執流年法。此法在中國歷代相書中從沒出現過，一直都是口耳相傳的秘法，結果就這樣慢慢地湮沒了。尤幸十九世紀中期的一個名相師將之帶回來，我們才能將此學問發揚光大。

九執流年法

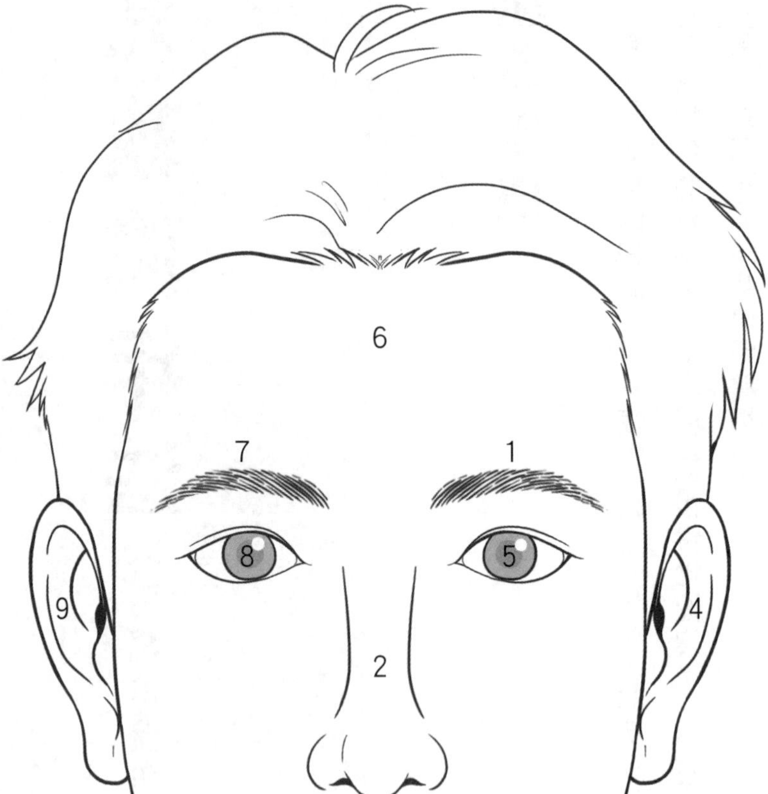

左眉——一歲
鼻——二歲
口——三歲
左耳——四歲
左眼——五歲
額——六歲
右眉——七歲
右眼——八歲
右耳——九歲

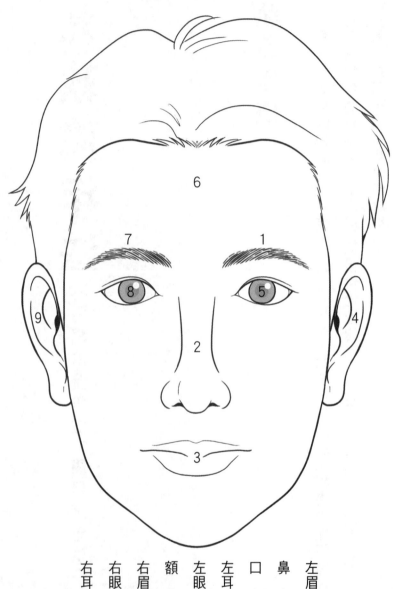

九執流年法的用法不難，例如額是六歲，再加九等於十五歲，依此類推，即二十四、三十三、四十二、五十一、六十等年歲，都要參看額頭部位。例如三十三歲本位為左眉，如眉清見底眉尾整齊，加上前額飽滿則當年運程通順；如眉好額差，不免要減分；如眉額皆差，那年難免較為迍邅。

另一個用法例如——看見人家左眉受傷，而此人在三十歲以下，左眉代表一、十、十九、二十八這四年，從而可推斷其人可能在足歲十八歲，虛齡十九歲剛考獲車牌，而撞車傷了左眉，但當然不排除也可能是一、十、二十八這些年間撞傷。察看流年運時，如能再細心觀察一、十、十九、二十八這四年的本位年吉凶，判斷起來準確性當然會大大提高。

又如鼻為疾厄宮、夫妻宮、財帛宮，如女性鼻樑起節或有紋痣缺陷，除了本位山根四十一歲，年上、壽上四十四及四十五歲容易出現感情障礙之外，二十、二十九、三十八這幾年

鼻有節，女性在二十九歲時變結婚的機會比分手大

亦尤其要注意；而鼻節凸出者，二十九歲那年最容易出現變化，而變結婚的機會又比變分手的機會為高。

九執流年法之代表歲數

左眉——1、10、19、28、37、46、55、64

鼻——2、11、20、29、38、47、56、65

口——3、12、21、30、39、48、57、66

左耳——4、13、22、31、40、49、58、67

左眼——5、14、23、32、41、50、59、68

額——6、15、24、33、42、51、60、69

右眉——7、16、25、34、43、52、61、70

右眼——8、17、26、35、44、53、62、71

右耳——9、18、27、36、45、54、63、72

註：不論用何種流年法，皆是由受孕那天開始計算年歲，例如一般人懷胎十月，故出生後兩個月便可以以一歲看；又等於足歲三十歲生日後再過兩個月，就算三十一歲的開始，亦即眉運的開始。

萬法流年法

萬法流年法以法令代表事業，眉代表家運，眼肚代表子女。左面為三十歲前，右面為三十歲至六十歲。

以左法令為例，其起點為一歲，延至法令之尾為三十歲，如當中有缺陷的話，就代表該年事業常遇困難，依此類推。

簡易流年法

根據簡易流年法，眉為二十六歲至三十六歲，眼為三十六歲至四十六歲，鼻為四十六歲至五十六歲，而嘴就管五十六歲至六十六歲。

此法非常適合與普通流年法混合使用，以增加其準繩度。以眉為例，普通流年法的眉運是三十一歲至三十四歲，但如果眉相特別秀麗或特別醜惡，其吉凶影響可伸延至二十六歲至三十六歲間，即使其年歲部位美好亦無所用。

又如眼神足，不止三十五至四十歲間運氣旺盛，易得名氣，其力量還會伸延至四十六歲，即使鼻樑扁塌，亦不會影響其結果；相反，雙目無神，其壞運會伸延至四十六歲，即使山根高闊、鼻樑挺直也起不了作用。

又如鼻樑挺直，鼻高而長，鼻頭有肉，金甲拱衛得宜，就代表四十六至五十六這十年必然平步青雲，即使上唇位置見缺陷也不會影響其結果。

如嘴唇端正，唇色紅潤，稜角分明，門牙整齊，代表五十六至六十六歲間運氣強盛，即使下巴尖削，其運也能伸延至六十六歲才終止。

此即書云：「一官顯得十年之富貴」，故面相上五官者一官好，最少也能興發十載。

【中線十四部位】

中線是面相之重要標示，除了本身部位有其吉凶禍福的代表外，亦是個人順逆之重要轉捩點。

一般瘦或面長的人，一生之重大轉變很大機會發生在中線之年歲位置；相反，面闊面圓的人，轉捩點出現在橫線的機會最大。

中線十四部位圖

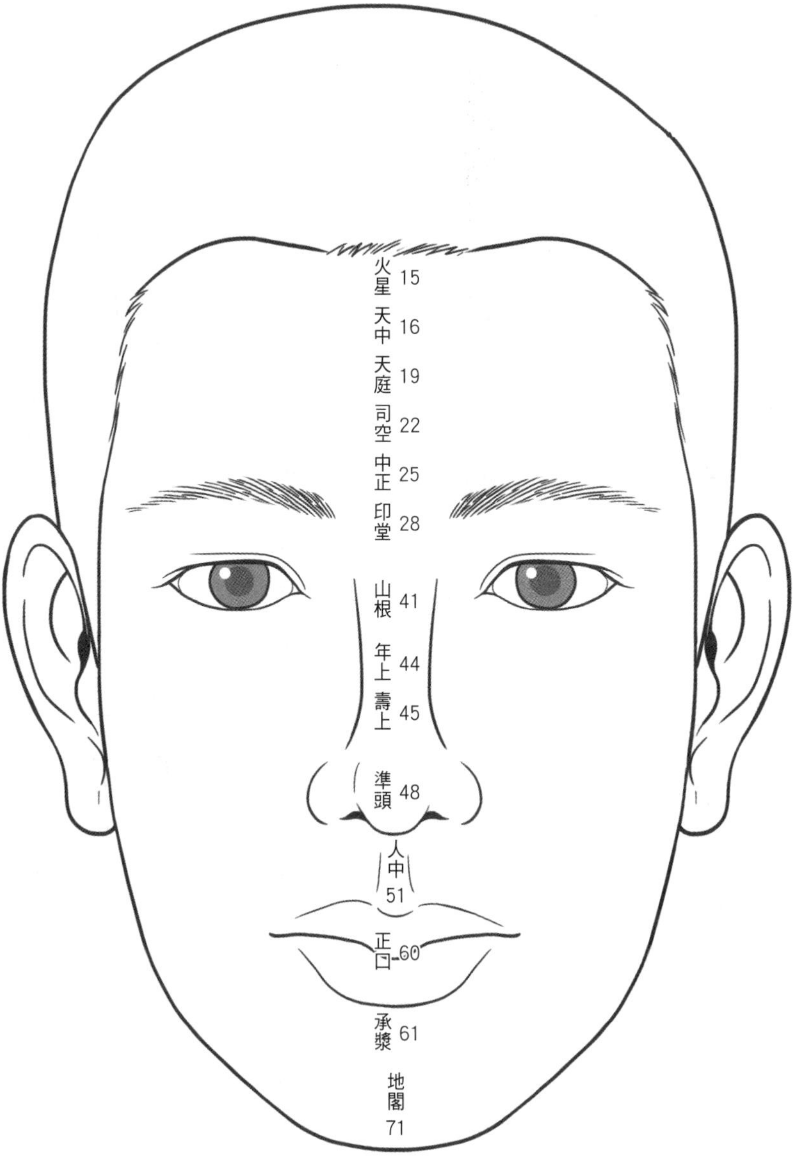
火星 15
天中 16
天庭 19
司空 22
中正 25
印堂 28
山根 41
年上 44
壽上 45
準頭 48
人中 51
正口 60
承漿 61
地閣 71

埋首看五官之時，第一眼要看中線，中線既分，便可以比較左右。

人面左右大多有鴛鴦大細高低之別，而整個左面看三十歲前，右面看三十歲後，如發現右邊面形比左邊面較為飽滿，且額顴較高，腮骨較為有力，便可判斷此人的下半生環境一定比上半生為佳，反之亦然。

故此，只需察看左右面，心裏便已經有一個大概；再進一步看五官時，自然會更加容易，準確度也相應提高。

中線十四部位之相學意義

十五歲火星、十六歲天中

火星在頭髮內，天中在頭髮外，火星天中高聳，天中沒有給頭髮遮蓋，代表這兩年學業順利；如髮腳生得太低，把天中蓋着，代表這兩年學業成績欠佳，可能要留班或轉校。

十九歲天庭

天庭飽滿者，一生能得貴人扶助；凹陷或有紋痣缺陷者，一生貴人乏力。

二十二歲司空，二十五歲中正

以上這兩個流年部位，為官祿宮，平滿者三十歲前運程通順；凹陷者升遷無望，且為異路功名格，要自己不停跳槽，自己去攀升。同時，亦大多代表不能從事讀書時所學的專業。

二十八歲印堂

印堂為命宮、願望宮，喜平滿、開闊，主樂觀，一生願望容易達成。凹陷、眉侵印堂、紋痣缺陷，皆主其人悲觀，且每執著於小事，浪費時間，又主當年運程不佳。

四十一歲山根

少年運勢要通過山根才能延續到中年，如山根平滿，則運程無阻；如山根凹陷、折斷、有紋痣破損，皆主五年內大破財。如有此象，於四十一至四十五歲這五年間切勿輕舉妄動。

四十四歲年上、四十五歲壽上

此兩處為疾厄宮，顧名思義，是看疾病厄運的位置。每生災病，此位置均會先現青暗氣色，年上代表家人，壽上代表自己。

四十八歲準頭

準頭要有力而不空浮，代表當年運程通順，財運亨通。

五十一歲人中

人中喜凹陷而闊長，忌平滿窄短小。凹陷而闊者，除了代表當年運程通順外，亦代表子女多而易養，相反則當年運程不佳，子女少而難養。

六十歲水星

水星為正口，乃嘴唇牙齒部位，亦是中年之氣能否經過人中而順流入大海之處。嘴唇厚薄均勻，唇色紅潤，門牙整齊，代表晚運亨通，即使下巴尖削，六十五歲前運程亦可因嘴巴之帶動而不會太差。

六十一歲承漿

承漿看飲食，最忌有紋侵痣破，代表一生飲食常常出現問題——肚瀉、腹痛、食物中毒等必較常人為多。

七十一歲地閣

地閣為整個晚年之重心。如地閣肥厚有肉，下巴向前兜，必代表七十歲後，晚運亨通；如地閣尖削而後瀉，唯恐晚年孤苦貧窮。

【五星六曜】

五星

所謂「五星」，其實是——左耳為金星，右耳為木星，額為火星，鼻為土星，口為水星。有說左耳為木，右耳為金，因左耳在東方，而東方屬木；右耳在西方，而西方屬金，這樣說亦不無道理。惟從古至今，都是以左耳為金，右耳為木，只有近代《相理衡真》作者提出左木右金，故這些枝節，無需重看。

五星圖

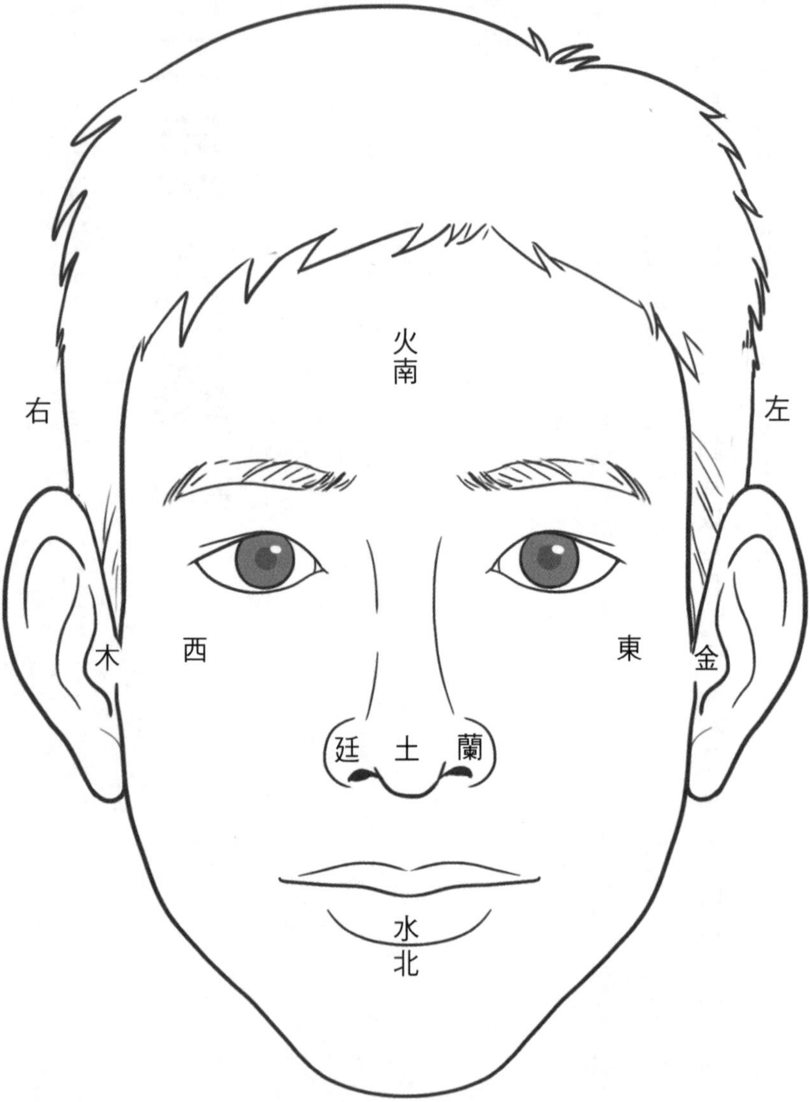

口——水星
鼻——土星
額——火星
右耳——木星
左耳——金星

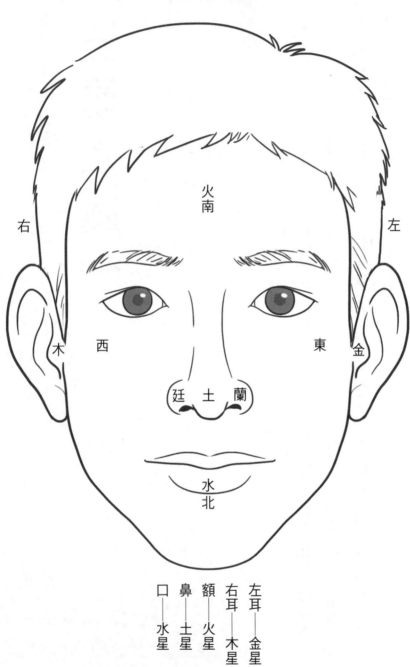

金星、木星

不論金木，皆宜耳高色白，形狀整齊，以大而硬為佳；忌低、黑、細小、輪飛廓反、崩缺、形狀不佳，或肉薄如紙。

火星

高闊飽滿，無紋痣缺陷為佳；低、窄、凹陷為差，為火不得地。

土星

以高長直、無紋侵痣破為佳，低、短、彎曲、有紋痣缺陷為差，土星不正則萬物不佳。

水星

以端方、唇色紅潤、門牙整齊為佳；薄、偏、唇色黑暗、門牙缺或歪為差。水星不佳，晚運堪虞。

【五行生剋】

五行相生——金生水，水生木，木生火，火生土，土生金。

五行相剋——金剋木，木剋土，土剋水，水剋火，火剋金。

從上述的五行生剋可知，每個部位其實都是互相關連的，例如水星不佳，但金能生水，故耳有垂珠者，即使嘴形不正，亦晚年安樂；相反，耳、口皆差則晚年不免迍邅。

又額為火星，火星陷塌，加上水星肥厚，必然水剋火，令少年運差上加差。又鼻大嘴細為土剋水，除了水星運不佳外，亦代表有便秘問題。相反，鼻細口大，為水旺土瀉，除鼻運不平穩外，亦代表腸胃敏感，常常有腹瀉的習慣。

從上例得知，每看一個部位，皆要參看其他部位，除了九執流年要參看外，五星六曜亦不能以個別部位而定吉凶。

六曜

六曜的分佈是——左眉為羅睺星，右眉為計都星，左眼為太陽星，右眼為太陰星，印堂為紫氣星，山根為月孛星。

六曜圖

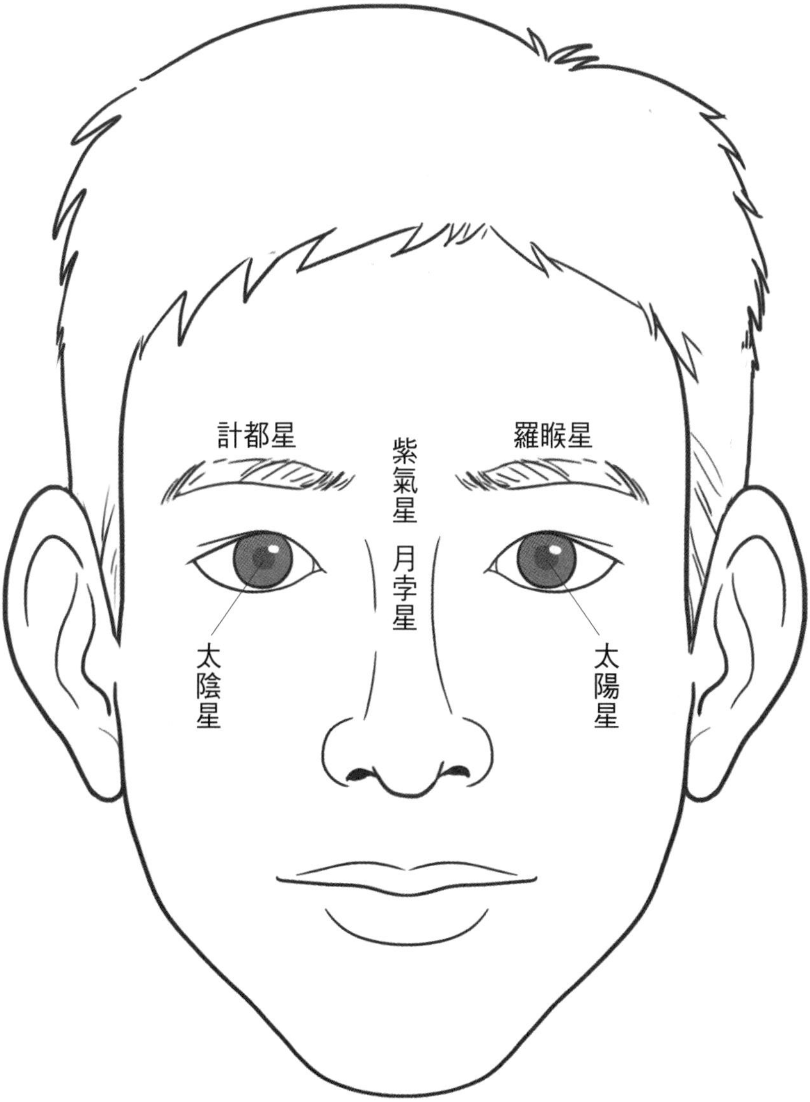

【羅睺、計都】

為兩凶星，最忌雙眉濃而壓目、粗豎，主多災刑劫，一生刀傷、車禍意外之事必多。最喜幼而整齊，順貼眉骨生長，必能逢凶化吉，意外之事自少。

【月孛、紫氣】

月孛、紫氣為印堂直下至鼻樑。印堂最宜平滿，樑柱宜高聳圓潤，如此則官祿亨通。最忌懸針破印，印堂凹陷，鼻樑尖削，一生禍事必多。

【太陽、太陰】

雙目宜黑白分明而有神，為官者，必然高遷，庶人亦必財祿豐足；最忌昏暗，雙目無神，為官者庸碌無能，庶人亦治家無方或妻奪夫權，做事三心兩意，難有所成。

古訣論五星六曜

【五星總斷詩】

耳　金木聳朝廓有輪。風門容指主聰明。色紅色白榮華老。翻輪反廓幼多驚。

口　口如四字抹硃紅。兩角朝天勝石崇。尖薄無稜垂向下。平生奸詐世途窮。

額　火星立壁闊方平。潤澤無紋得寵榮。低陷狹尖雞卵樣。奸謀碌碌過浮生。

鼻　土宿端圓似截筒。伏犀貫頂作三公。歪斜尖小蘭廷缺。貧賤奔波沒始終。

【六曜總斷詩】

印堂　紫氣光瑩愛闊圓。紅黃烱烱是英賢。懸針穿破親情冷。縱有衣糧不自然。

太陽
太陰　日月分明志氣強。精神澄澈近君王。正觀不定應貧賤。昏眊無神必夭傷。

月孛　月孛沖天福命高。蘭廷扶拱是英豪。
狹尖低陷家財破。青白來時痛苦號。

羅睺　羅計疏彎入鬢長。文章及第姓名揚。
計都　交加黃薄貧何了。短促逆橫兄弟傷。

【五星六曜說】

五星。金木水火土也。
六曜者。太陽。太陰。月孛。羅睺。計都。紫氣。
火星須得方。方者有金章。紫氣須得圓。圓者有高官。
土星須得厚。厚者得長壽。木星須要朝。五福並相饒。
金星須要白。官位終須獲。羅睺須要長。長者食天倉。
計都須要齊。齊者有妻兒。月孛須要直。直者得衣食。

太陰須要黑。黑者有官職。太陽須要光。光者福祿強。

水星須要紅。紅者作三公。

【五星六曜決斷詩】

金木星是耳。貴要輪廓分明。其位紅白色。不拘大小。耳門闊生得端正。不反。不尖不小。一般更是高過眉眼。白色如銀樣。大好。其人當富。得金木二星照命。發祿定早。若反側窄。或大或小。為陷了金木二星。其人損田宅。破財帛。無學識也。

詩曰　金木成雙廓有輪。風門容指主聰明。端聳直朝羅計上。
富貴榮華日日新。金木開花一世貧。輪翻廓反有艱辛。
於中若有為官者。終是區區不出塵。

水星是口。名為內學堂。須要唇紅闊方。人中深。口齒端正。自有文章。為官者食祿。若唇齒麁。口角垂。黃色主貧賤。

詩曰 口含四字似硃紅。兩角生稜向上宮。定是文章聰俊士。
少年及第作三公。水星略綽兩頭垂。尖薄無稜是乞兒。
若是偏將居左右。是非奸詐愛便宜。

火星是額。凡額廣闊。髮際深者。有祿位衣食。及子息四五人。其人有藝學。父母尊貴。當生命宮。得火星之力。入命有田宅。壽九十九。如尖陋有多紋理者。是陷了火星。乃不貴。無子息一二人。至老不得力。衣食平常。又不得兄弟力。主貧無大壽。損妻破財。

詩曰 火星宮分闊方平。潤澤無紋氣色新。骨聳三條川字樣。
少年及第作公卿。火星尖狹是常流。紋亂縱橫主配囚。
赤脈兩條侵日月。刀兵赴法死他州。

土星是鼻。須要準頭豐厚。兩孔不露。年上壽上平滿直。端聳不偏。其人當不陷了。土星入命並滿三分。主有福祿壽。如中嶽土星不正。準頭尖露。更準頭高。其人陷了中嶽土星。主貧賤。少家業。主心性不直。

詩曰　土宿端圓似截筒。竈門孔大即三公。蘭台廷尉來相應。
必主聲名達聖聰。土宿歪斜受苦辛。準頭尖薄主孤貧。
旁觀勾曲如鷹嘴。心裏奸謀必害人。

紫氣星是印堂。印堂分明。無直紋。圓如珠。主人必貴。白色如銀樣。主大富貴。黃者有衣食。如窄不平勻。有隱紋者不吉。子息二三人。不得力。無厚祿。損田宅。

詩曰　紫氣宮中闊又圓。拱朝帝主是英賢。蘭台廷尉來相應。
末主官榮盛有錢。紫氣宮中窄又尖。小短無腮更少髯。
自小為人無實學。衣食蕭條更沒添。

太陰太陽是眼。要黑白分明。長細雙分入鬢者。黑睛多。白睛少。光采者。其人當生得陰陽二星照命。作事俱順。骨肉俱貴。如黑少白多。黃赤色。其人陷了二星。

損父母。害妻子。破田宅。多災短命。

詩曰　日月分明是太陽。精神光采一般強(太陽)。為官不拜當朝相。
也合高遷作侍郎(左眼)。日月斜窺赤貫瞳。更嫌孤露又無神(太陰)。
陰陽枯暗因刀死。莫待長年主惡終(右眼)。

月孛星是山根。從印堂直下無破者。其人當遭月孛照命。陷了山根。主子孫不吉。定多災厄。修讀無成。破財刑妻。害子息。

詩曰　月孛宜高不宜低。瑩然光采似琉璃。為官必定忠臣相。
末主高官有好妻。月孛宮中狹又尖。家財早破事相煎。
為官豈得榮高祿。孛位當生困歲年。

羅計星是眉。二星粗黑。過目入鬢際者。此衣祿之相。子息父母皆貴。親眷亦貴。此二星入命。如眉相連。黃赤色更短。主骨肉子息多犯惡死。

詩曰 羅計星君秀且長。分明貼肉應三陽(左羅)。不惟此貌居官職。恩義彰名播遠方。羅睺稀疏骨聳高。為人性急愛凶豪(眉毛)。奸邪狀似垂楊柳。兄弟同胞有旋毛(右計)。

【三才六府】

三才

額為天

額者，欲其寬而圓，象天，得此者少年運佳，可享祖蔭或少年得志，能帶給父母衣祿。最忌尖削塌陷窄小，必主少年運差，父母無助，學業不佳，事業無成。

三才六府圖

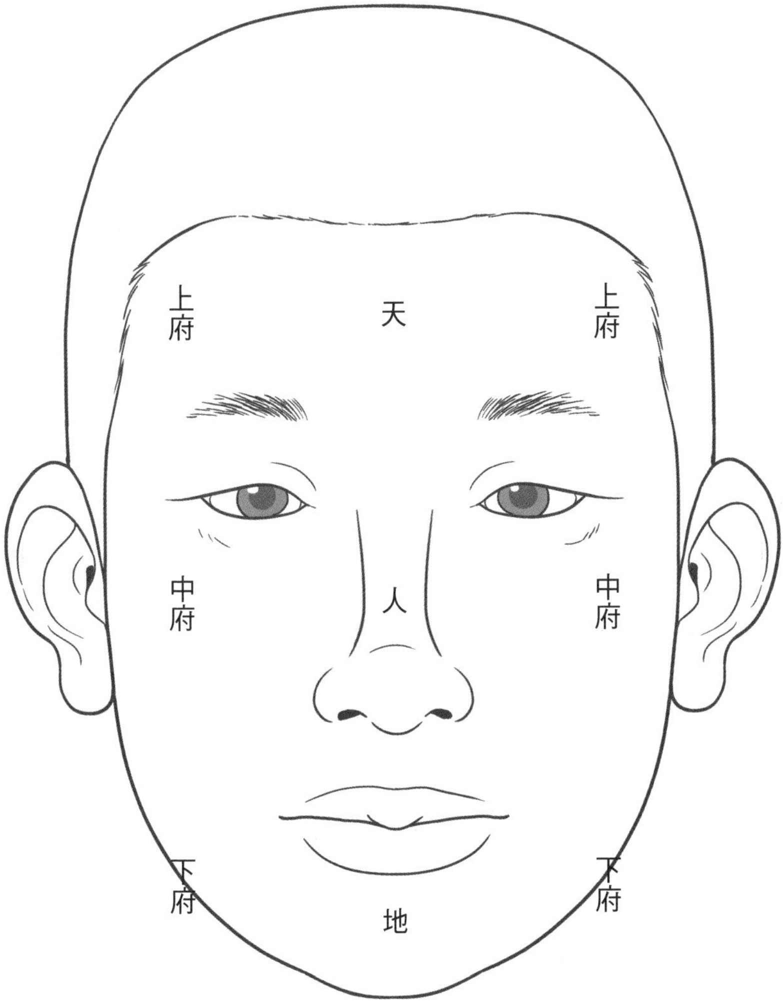

三才
天—額
人—鼻
地—頤

六府
上二府
中二府
下二府

鼻為人

鼻為自我，代表自己，鼻高長直者，為人志高，中年必定亨通；塌陷者作事無成，需依人作嫁。

頤為地

地欲方而闊，取其天圓地方，頤部方闊者，晚運必亨；最忌者尖瀉，必主晚年無依，漂泊不定。

六府

六府為面之側部兩邊，內為城，外為廓。

上二府

輔角至天倉，宜其飽滿豐隆，主少年能聚財，容易儲積財富。

中二府

自命門至虎耳，即耳孔前至虎耳位置，宜飽滿有肉，代表中運亨通；忌命門凹陷或瘦而露骨，中年勞苦無成。

下二府

自腮骨至地閣，腮骨宜有力且有肉包裹，地閣宜朝，主晚年豐盈充實，子女在旁。最忌腮骨之肉瀉陷，下巴不朝，晚年必孤苦貧窮。

古訣論三才六府

【三才論】

三才者。額為天。欲闊而圓。名曰。有天者貴。鼻為人。欲旺而齊。名曰。有人者壽。頦為地。欲方而闊。名曰。有地者富。

【六府論】

六府者。兩輔骨。兩顴骨。兩頤骨。欲其充實相輔。不欲支離孤露。靈台秘訣云。上二府。自輔角至天倉。中二府。自命門至虎耳。下二府。自肩骨至地閣。六府充直。無缺陷瘢痕者。主財旺。天倉峻起多財祿。地閣方停萬頃田。缺者不合。

肥人、瘦人三才六府佳相

又三才為正面，六府為側面，瘦人以正面為重，肥人以側面為重，故瘦人一般額高鼻直，下巴瘦削但向前朝（見左頁圖）。

至於肥人或面闊之人，一般前額稍為低但闊，鼻樑低但兩顴高而有肉包裹，中二府明顯飽脹，有時肉會凸起比面更闊，下巴圓肥，尤其是虎耳、歸來部分，更是特別飽脹。

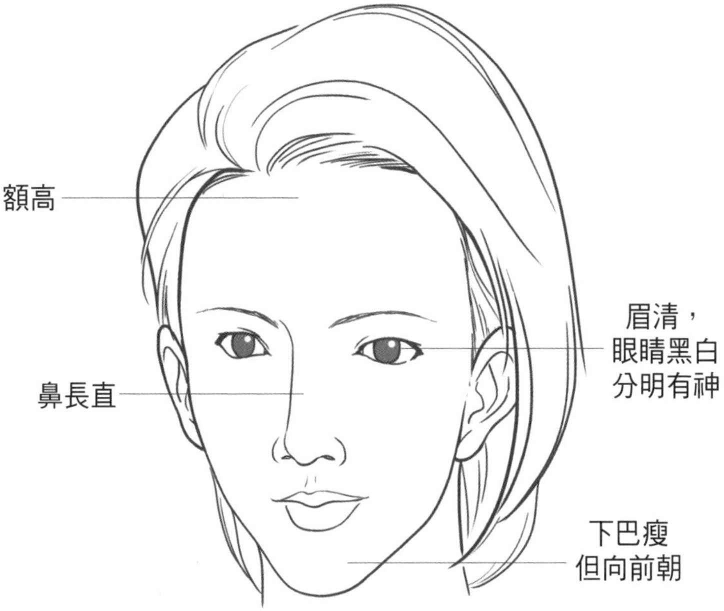

瘦人的三才六府佳相

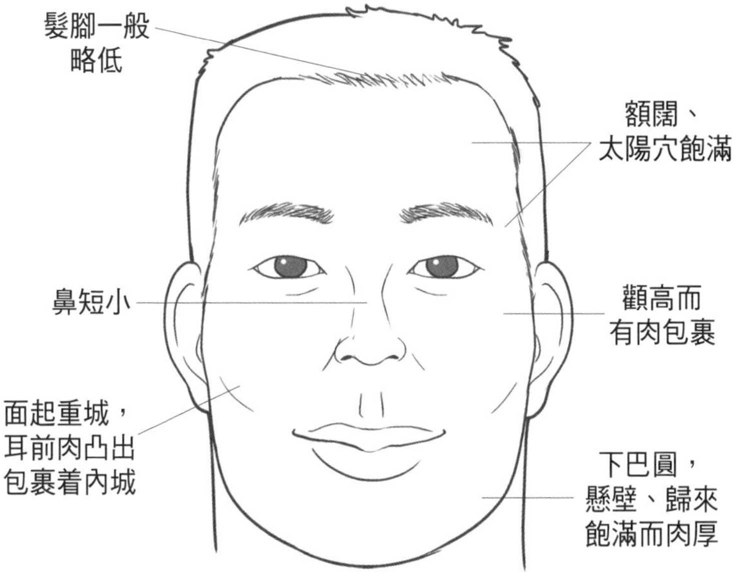

肥人的三才六府佳相

【三停】

面上分三停——

上停為髮腳至眉間；中停為雙眉至準頭；下停為準頭至地閣。古訣有謂：「三停平等，富貴榮顯；三停不均，孤夭貧賤。」

面上三停

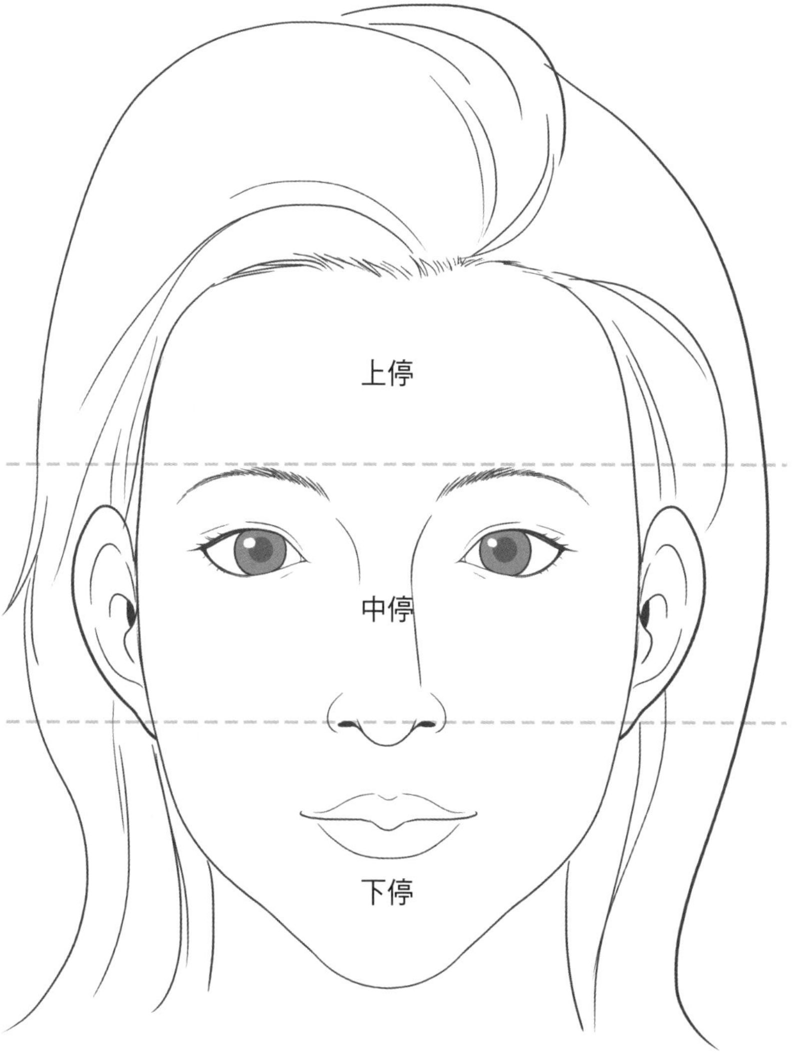

上停

上停主三十歲前的運氣，額高廣而飽滿，氣色明潤，必主少運亨通；額如低、窄、凹陷，必主少年運差。又額忌髮腳巖巉，代表與父無緣；最忌懸針破印，必與父親緣薄，少運阻滯無成，且結婚遲、生子遲、發達遲。

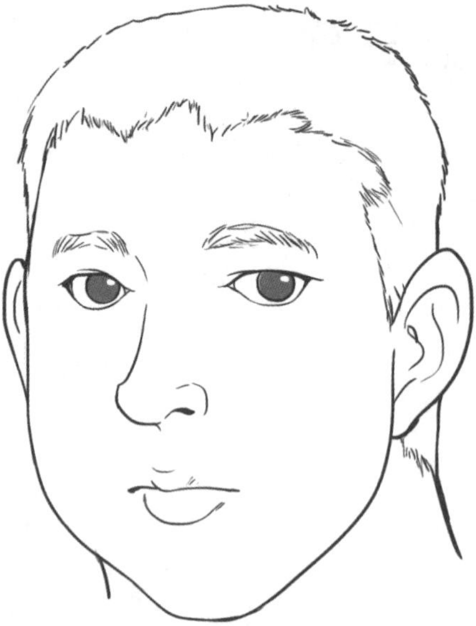

髮腳巖巉

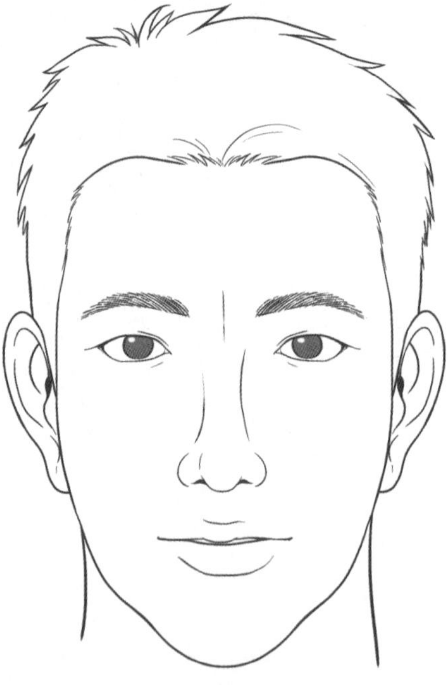

懸針破印

中停

中停主三十一至五十歲之中年運氣，部位包括眉、眼、顴、鼻，而眉眼代表三十一至四十歲，顴鼻為四十一至五十歲。

眉要貼肉而生，眼要黑白分明而有神，主三十一至四十歲這十年間必有所成。最忌眉亂目昏，這段期間不免為色情所累，以致一事無成。

顴鼻為四十一至五十歲，顴宜高近眼尾之處且有肉包裹，鼻則要高、長、直，顴鼻相配，必主十年之福。

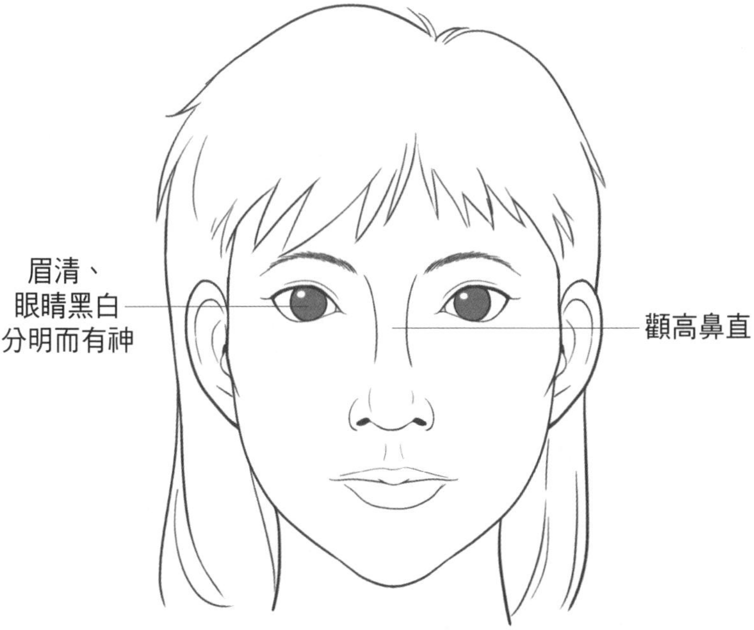

中停吉相

最忌者，顴露而低陷，鼻樑折斷，山根塌陷，鼻頭空浮肉薄，必主十年迍邅，難有所成。

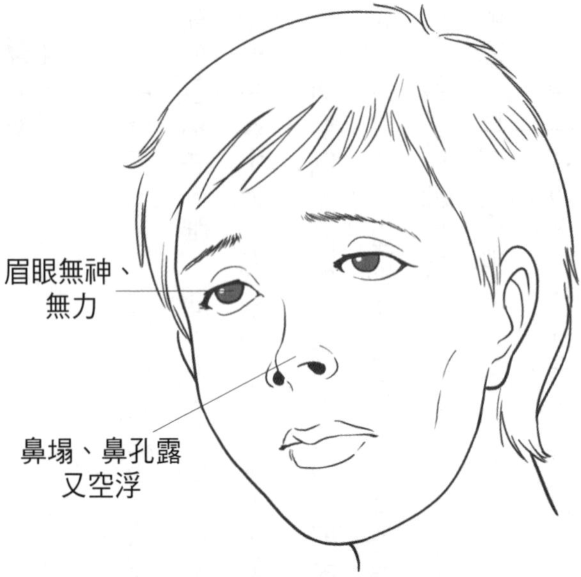

中停凶相

下停

下停為鼻下至地閣之處，部位包括上唇、嘴、下巴及懸壁、歸來。如上唇豐滿，人中深長，嘴唇緊閉呈方形，門牙整齊，下巴飽滿而向前朝，腮骨有力或有肉包裹，這樣必主晚歲平安，子孫昌隆。

最忌者，人中窄小或如一線，上唇垂陷，嘴唇閉而乏力，唇色暗黑，嘴細嘴歪，門牙歪斜或早脫落，下巴尖削不朝，腮骨無力，耳珠尖小，這樣必主晚年孤苦貧窮，唯有中年以前多些儲蓄以備晚年之用。

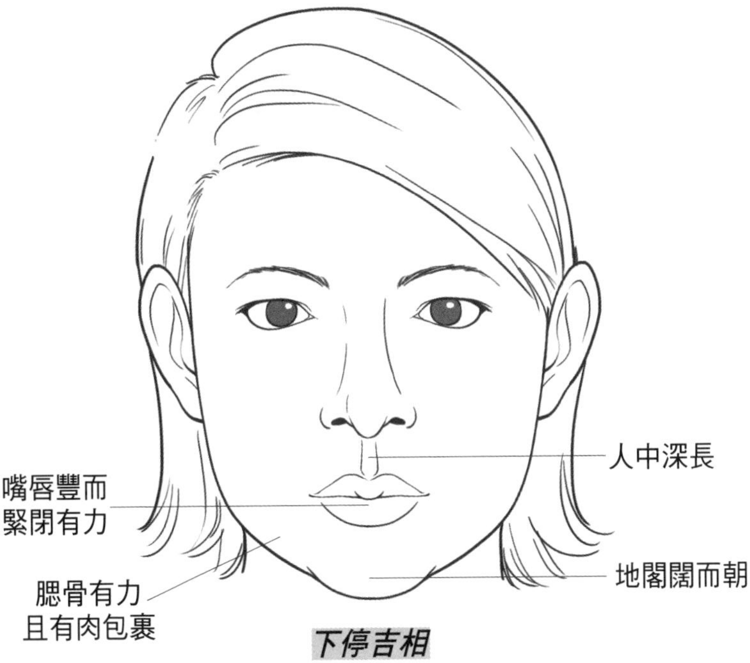
人中深長
嘴唇豐而
緊閉有力
地閣闊而朝
腮骨有力
且有肉包裹

下停吉相

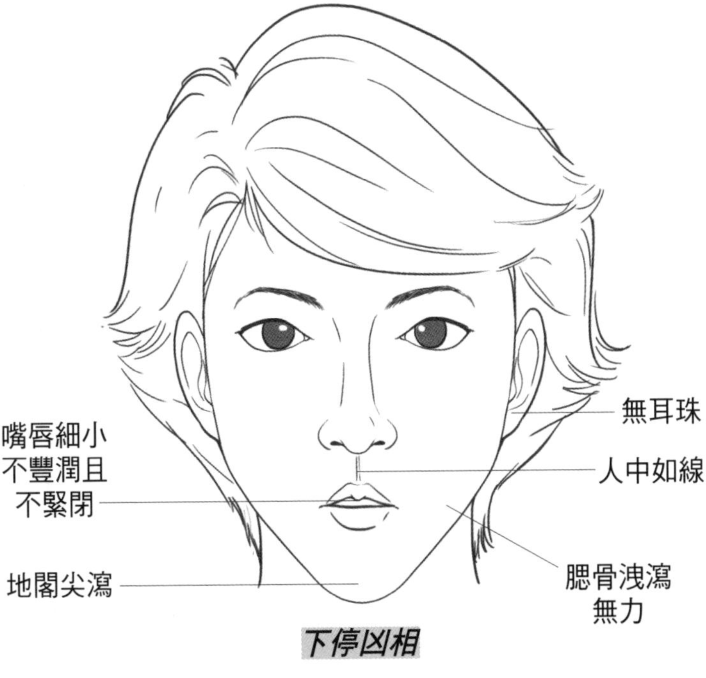
無耳珠
嘴唇細小
不豐潤且
不緊閉
人中如線
地閣尖瀉
腮骨洩瀉
無力

下停凶相

以上的三停闡述為總體看法，三停平均則一生衣祿無憂。如三停中其中一停長得特別好，則當享那時之盛；三停皆不成則一生難有建樹，宜學一門專門技術以保飯碗，亦要多儲蓄，才能保晚年衣食。

古訣論三停

【三才三停論】

三才者。額為天。欲闊而圓。名曰。有天者貴。鼻為人。欲旺而齊。名曰。有人者壽。頦為地。欲方而闊。名曰。有地者富。三停者。髮際至印堂為上輔。是初主。自山根至準頭。為中輔。是中主。自人中至地閣為下輔。是末主。自髮際至眉為上停。眉至準頭為中停。準頭至地閣為下停。訣曰。下停長。老吉昌。中停長。近君王。上停長。少吉祥。三停平等。富貴榮顯。三停不均。孤夭貧賤。

詩曰 面上三停仔細看。額高須得耳門寬。學堂三部奚堪足。空有文章恐不官。鼻樑隆起如懸膽。促者中年壽不長。地閣滿來田地盛。天庭平闊子孫昌。

【相三主】

額尖初主災。鼻歪中主逃。欲知晚景事。地閣喜方高。

【論三柱】

頭為壽柱。鼻為樑柱。足為楝柱。

【相身三停】

身分三停。頭為上停。人矮小而頭大長者。有上梢。無下梢。身長大而頭短小者。一生貧賤。自肩至腰為中停。要相稱。短而無壽。長則貧。腰軟而坐俱動者。無力而無壽。自腰至足為下停。要與上停齊而不欲長。長則多病。若上中下三停。長大短小不齊者。此人無壽。一身三停。相稱為美。上停豐秀厚而長。此是平生大吉昌。若是下停長且薄。似此貧窮走四方。身上三停頭足腰。看他長短要均調。上長下短公侯相。長短無差福不饒。中停長者人多貴。背聳三山足寶珍。萬一腳長身又短。區區浪走一凡民。又云。下長上短賤人體。形貌乾枯骨又粗。若見眼圓如竹葉。中年裏面產田無。上停短。下停長。終日區區促壽彊。上停長。下停短。衣食自然倉廩滿。三停俱短無虧陷。五嶽端嚴富貴全。上下兩停兼短促。一生終是受迍邅。

【面三停】

面之三停者。自髮際下至眉間為上停。自眉間下至鼻為中停。自準下人中至頦為下停。夫三停者。以象三才也。上停象天。中停象人。下停象地。故上停長而豐隆。方而廣闊者。主貴也。中停隆而直。峻而靜者。主壽也。下停平而滿。端而厚者。主富也。若上停尖狹缺陷者。主多刑厄之災。妨剋父母。卑賤之相也。中停短促褊塌者。主不仁不義。智識短少。不得兄弟妻子之力。有主中年破損也。下停長而狹尖薄者。主無田宅。一生貧苦。老而艱辛也。三停皆稱。乃為上相之人也。

【五嶽】

五嶽即額、鼻、頦（下巴）、左右兩顴，分別為東嶽泰山（左顴）；南嶽衡山（額）；西嶽華山（右顴）；北嶽恆山（頤）；中嶽嵩山（鼻）。

書云五嶽朝元，平生富貴，即額形飽滿，下巴朝前，左右兩顴高而豐滿有肉包裹，鼻高直而有氣勢，是人間富貴之相，但五嶽俱佳者少有之。

五嶽圖

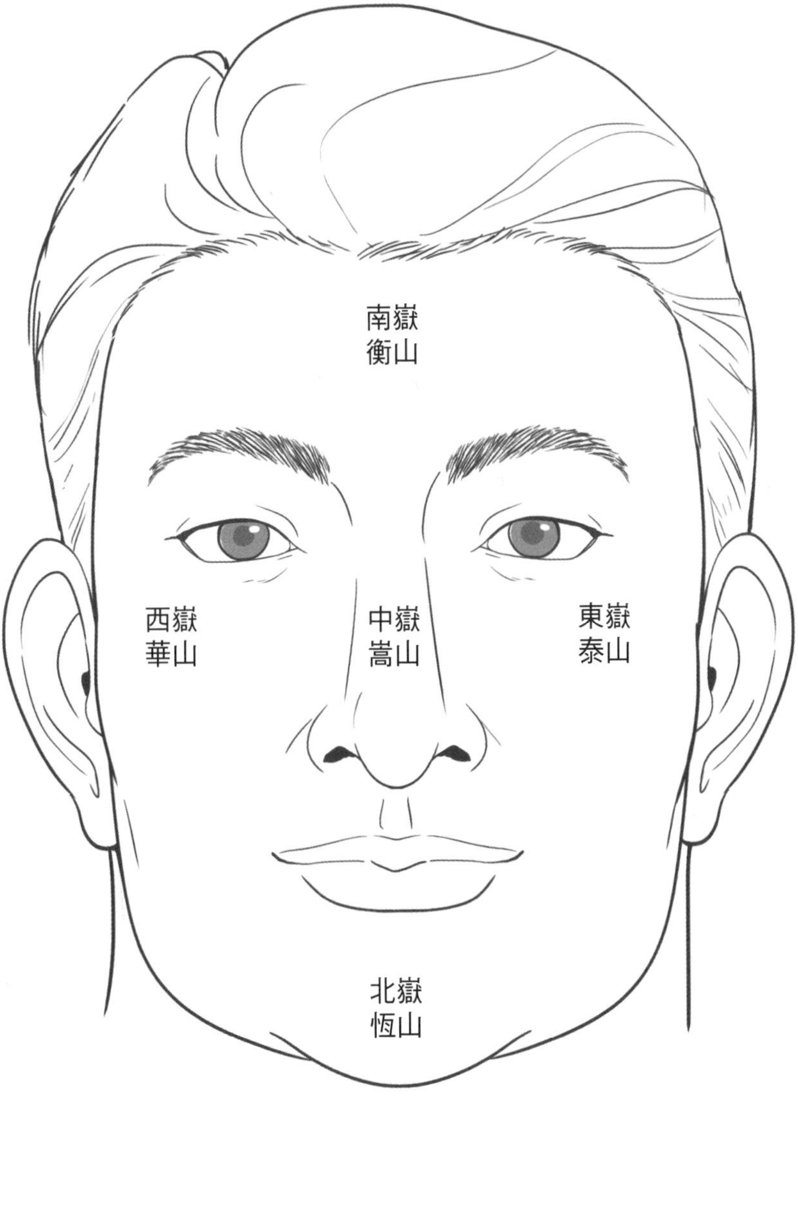
南嶽
衡山
西嶽
華山
中嶽
嵩山
東嶽
泰山
北嶽
恆山

南嶽衡山（額）

額為少年，為長上貴人，額飽滿而明潤，必得貴人扶助或早年亨通。

北嶽恆山（下巴）

下巴朝前而寬闊者，晚境宜人，有兒女承歡，生活必然富足豐盛。

中嶽嵩山（鼻）

鼻為自主，如鼻高、長、直，必能靠自身能力，在社會開創一番事業。

東西兩嶽（左右兩顴）

鼻為地位，兩顴為權，亦為下屬與平輩貴人，顴豐而高且有肉包裹，平生必得貴人、下屬之助。

五嶽形格

五嶽無主

五嶽無主即東南西北四嶽皆來朝，唯獨中嶽塌陷或細小，代表平生近貴，一生得貴人扶助，交際手腕圓滑，對外人比家人好，因鼻代表自己，四面為外人。鼻塌之人無主見，樂於接受他人意見，但因鼻為自家之地，故回到家中便會獨大，不太會顧及家人，一般對外人較家人為佳。

也就是說，額、頤、左右兩顴都豐滿而朝，唯獨鼻形細小的人，在外無主見，常以別人之意見為依歸，但卻不太會接受家人之意見。

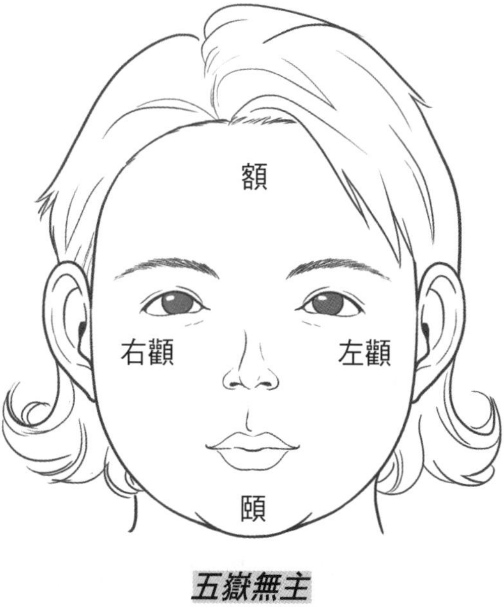

五嶽無主

孤峰獨聳

與五嶽無主剛剛相反，此相獨鼻高長而直，但四嶽瘦陷，即額窄而斜，頤部削小，左右顴低，且多露骨。得此相者，常以自我為中心，覺得自己認為對的，就一定是真理，不容易與別人溝通，普遍與子女緣分一般，此乃溝通不良所致，惟得此面相者，大多娶得賢妻，可能是鼻為妻星之故。

又此相大多從事專業行業或在大機構任職，因鼻形過大者，不容易適應變化的生活，如不從事穩定性職業的話，會終日惶恐不安，甚至覺得鬱鬱不得志。

額、頤、左右兩顴皆不朝，唯鼻獨高獨大者，常以自我為中心，不是一個容易相處的人

五嶽無成

最忌者，東南西北各不相朝，中嶽促小，如此必然一生無成，乃不貧則夭之形相。

古訣論五嶽

【五嶽】

額為衡山（南嶽），頦為恆山（北嶽），鼻為嵩山（中嶽），左顴為泰山（東嶽），右顴為華山（西嶽）。中嶽要得高隆，東嶽須聳而朝應，不隆不峻則無勢，為小人，亦無高壽。中嶽薄而無勢，則四嶽無主，縱別有好處，不至大貴，無威嚴重權，壽不甚遠。中嶽不及且長者，上中壽。如尖薄，晚年見破，到頭少稱意。南嶽傾倒，則主見破，不宜長家。北嶽尖陷，未至無成，終亦不貴。東西傾側無勢，則心惡毒無慈愛，五嶽須要相朝。

【四瀆】

四瀆者，耳為江，目為河，口為淮，鼻為濟。

相書有謂：「四瀆深長，崖岸不走」，又云：「四水流通，一生錢財自旺」，可見各個部位如形相皆美，配合得宜，其人一生自能坐享財祿。

四瀆圖

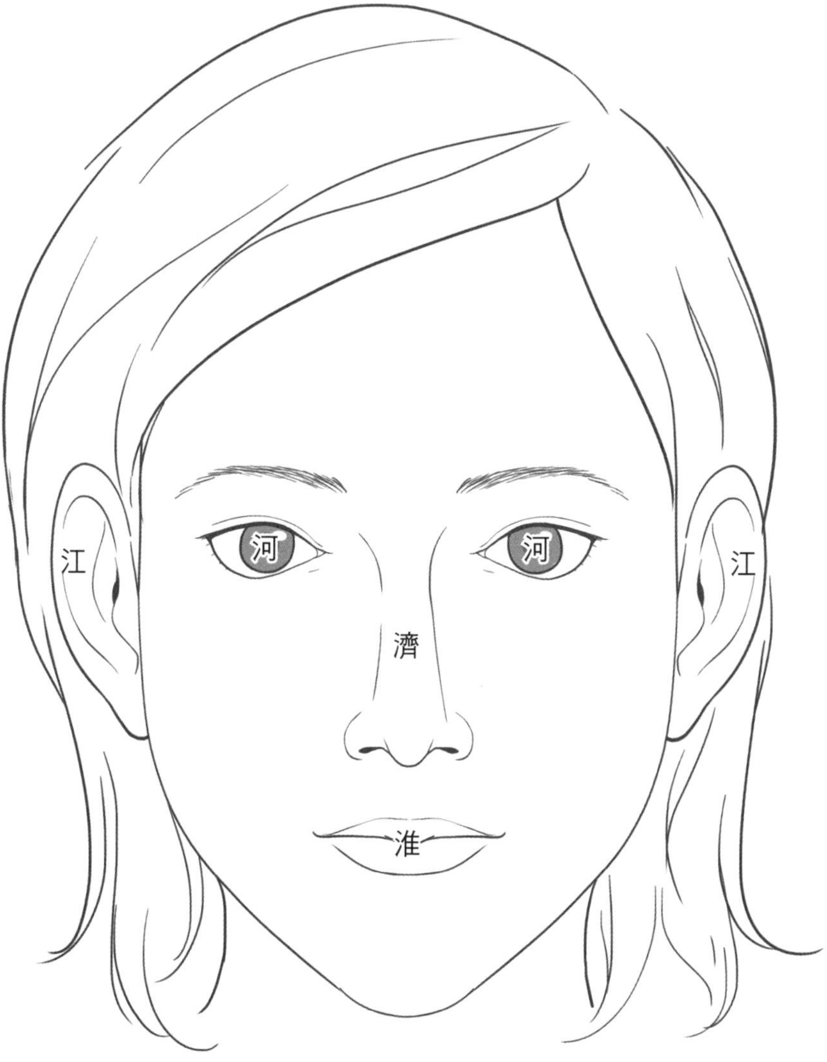

四瀆宜忌

宜者

耳——要輪廓分明，耳門寬大，以有垂珠為佳。

目——以黑白分明、眼有神采為佳。

鼻——要高、長、直，以鼻準貫印為佳。

口——以嘴唇四正，緊閉，唇色潤澤，開大合小為佳。

若能四水流通，一生財祿自旺。

忌者

耳——忌輪飛廓反，孔門窄小。

目——忌眼暗目昏，不睡似睡。

鼻——忌短促而孔露，鼻樑塌陷。
口——忌唇形歪斜，下唇垂而乏力，
這樣四水不通者，一生難作富貴之人。

古訣論四瀆

耳為江，目為河，口為淮，鼻為濟。

四瀆要深遠成就而崖岸不走，則財穀有成，財物不耗，多蓄積。耳為江瀆，竅要闊而深，有重城之副，緊而聰明，家業不破。目為河瀆，深而壽，小長則貴，光則聰明，淺則短命，昏濁多滯，圓則多夭，不大不小貴。口為淮瀆，要方闊，而唇吻相覆，上載薄則不覆，下薄則不載，則無壽無晚福，不覆則家業破。鼻為濟瀆，要豐隆光圓，不破不露則家必富。

【五官】

五官者，耳為採聽官，眉為保壽官，眼為監察官，鼻為審辨官，口為出納官。

《大統賦》云：「一官成，十年之貴顯，一府就，十載之富豐。但於五官之中，倘得一官成，可享十年之貴也。如得五官俱成，其貴老終」，可見五官在面相上的重要性。

五官圖

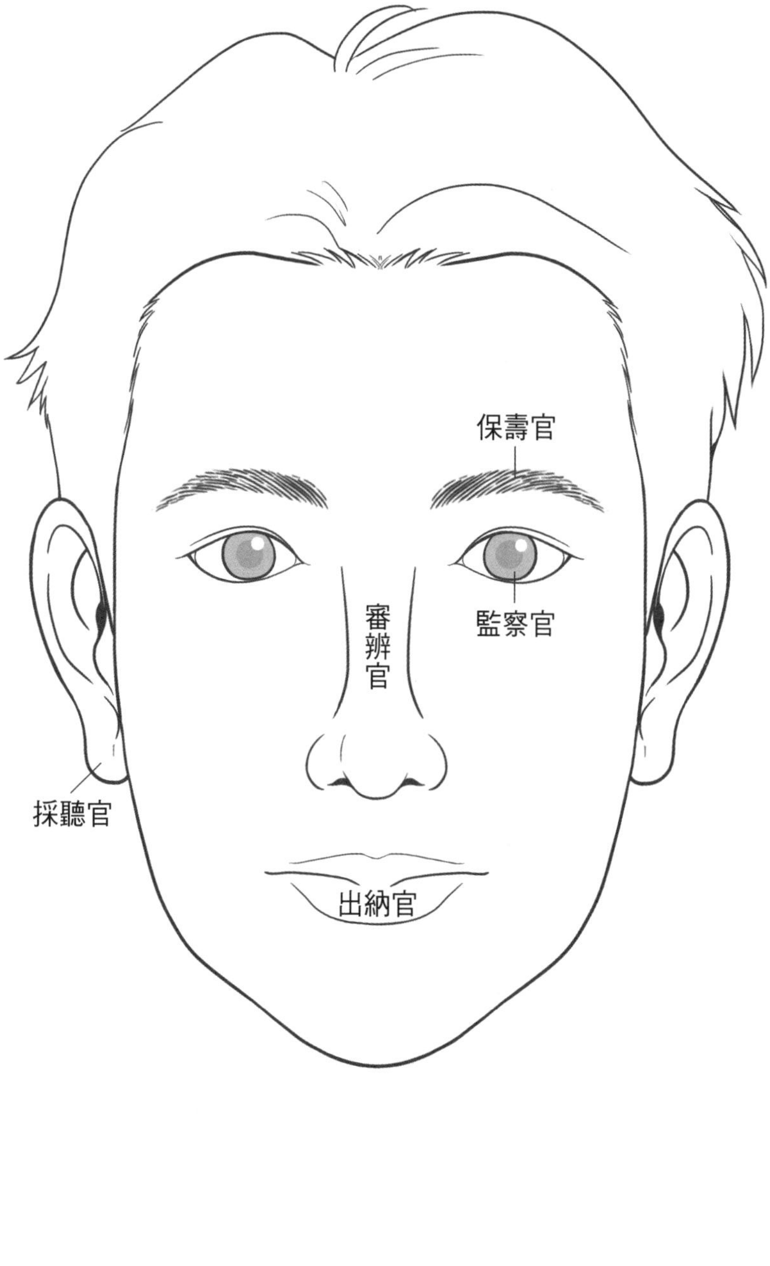

耳為採聽官

正所謂忠言逆耳，一個人是否容易接受別人意見，從而作出自我改善，採聽官是非常重要的。察看採聽官時，主要看耳門（即耳孔）是否夠寬大，寬大者容易接受及採納他人的好建議。相反，耳門窄小者，硬頸固執，堅持己見，即使別人獻出良策，進諫忠言，也不願意接納，此等人最喜歡偏聽小人的甜言蜜語。

眉為保壽官

眉毫（白毛）不及耳毫，耳毫不及項下條。四十歲以後眉毛長出白色毫毛為長壽之徵，然古代以六十為壽，三十為夭，故眉有長毛只為保壽而已；如耳長白毛比眉長，就主其人更加長壽，但也不及項下雙條（項下有餘皮）那麼長壽。

眼為監察官

這個最易了解。一個人的觀察力強不強，能否做到觀人於微、洞悉先機，都憑一雙眼。眼睛黑白分明而有神，必能觀人於微；眼暗目昏，錯度晨昏，雙目無神，黑白不分明者，主無主見，觀察力弱，易為小人所蒙蔽。

鼻為審辨官

人本來有靈敏的嗅覺，但當我們愈進入科技世界，離大自然愈遠，嗅覺的功能便日漸減弱。時至今日，只有少數人還保留着敏銳的嗅覺，大多數人的鼻子已失去了審辨官的作用。

口為出納官

病從口入，禍從口出，此乃一定之理。口要方正，唇色潤澤，角弓，開大閉小，如此必慎言且晚運亨通。最忌細小歪斜，唇色暗瘀，大而不小，小而不閉，掀唇露齒，嘴角下垂，必然口不擇言，晚歲淒涼。

古訣論五官（一）

【五官論】

五官者，一曰耳為採聽官，二曰眉為保壽官，三曰眼為監察官，四曰鼻為審辨官，五曰口為出納官。大統賦云：一官成十年之貴顯，一府就十載之富豐，但於五官之中，倘得一官可享十年之貴也；如得五官俱成，其貴老終。耳須色鮮，高聳過於眉，輪廓完成，貼肉敦厚，風門寬大者，為之採聽官成。眉須要寬廣清長，雙分入鬢，或如懸犀，新月之樣，首尾豐盈，高居額中，乃為保壽官成。眼須要含藏不露，黑白分明，瞳子端正，光采射人，或須長入鬢，乃為監察官成。鼻須要樑柱端正，印堂平闊，山根連印堂平高隆，準圓庫起，形如懸膽，齊如截筒，色鮮黃明，乃為審辨官成。口須方大，唇紅端厚，角弓開大合小，乃為出納官成。

【五官總論】

眉緊鼻端平。耳須聳又明。海口仰弓形。晚運必通亨。（緊者。眉不散疏也。端者。正也。平者。直也。聳者。提起也。明者。稜角分明也。大而有收拾為海角。朝上而不露齒。曰弓。晚運專指口言。）

古訣論五官（二）

【五官總論】

夫五官者。眉為保壽官。眼為監察官。耳為採聽官。鼻為審辨官。口為出納官。大統賦云。一官成十年之貴顯。一府成十載之富榮。醫書云。眉根於肝。屬木。取其橫生也。髮根於心。屬火。取其上炎也。鬚根於腎。屬水。取其下流也。故眉本宜秀蔚。其眼耳鼻口。又為四瀆。則宜厚而水不溢。亦有異草奇木。暢茂於其間。所以有眼毫耳毫鼻毫髭鬚。以象草木之形。宜秀長而不宜叢雜。宜黑潤而不宜黃燥。若五官合乎造化之理。富貴壽考必矣。

【採聽官詩 五首】

輪廓分明有墜珠。懷仁抱義不模糊。木星得地多文學。自是雄才邁眾儒。
耳反無輪性最剛。形如箭羽定空囊。命門窄小應無壽。青黑皮粗枉自忙。
貼肉高眉迴出群。耳門開闊自凌雲。毫抽壽永歌純嘏。廓硬輪紅富孔殷。
耳形雖小廓輪全。衣食敷榮福澤綿。高聳印堂非俗士。名成利就在人前。
兩耳紅光大海朝。生成富足異丰標。上尖下薄門兼小。用盡機謀總寂寥。

【保壽官詩 五首】

眉骨稜高少孝心。女眉彎曲戀情淫。粗濃低壓愚而賤。散亂交加惹禍侵。
眉上紋生八字形。知君兩妾鬧家庭。淫波孽浪何時足。四十年間折壽齡。
張眉豎目似金剛。一片粗心孰敢當。設若性強神帶火。害人常慣擾村坊。
眉目分明骨氣清。雙雙彎聳玉堂行。秋波不澈無官職。大器文章空負名。
眉交面黑好銜杯。愛管閒情喜掛懷。冷眼看人笑一面。不知毒在暗中來。

【監察官詩 五首】

眼如日月要分明。黑白分明事事成。若問榮枯全在此。智愚壽考任君評。
亭亭鳳目最超群。仔細推詳說與君。若不登朝為宰輔。聲名定是冠三軍。
鷹視光芒采射人。便知為宰撫斯民。顴寬眉秀還相助。定近君王作侍臣。
目清最怕媚無威。有媚無威百事非。多少下流如此相。傍人門第也謗誹。
正大心腸兩目和。淫邪飄蕩送秋波。偷窺斜側終為盜。虎視眈眈可羨他。

【審辨官詩 五首】

截筒懸膽相中稀。龍虎伏犀佐帝畿。劈面驚人稱上格。堂堂富貴貌巍巍。
鼻聳山根事事成。雁行妻子有賢聲。知君是個青雲客。上佐朝綱得令名。
鼻宜豐厚準頭圓。年壽山根勢插天。額角崢嶸相拱望。名揚四海福綿綿。
鼻頭尖小為貧忙。孔仰家無隔宿糧。還怕曲如鷹嘴樣。一生奸巧最猖狂。
兩邊廚竈莫教空。廚竈一空枉自雄。看爾少年揮霍大。將來五十必奇窮。

【出納官詩 五首】

富貴唇紅似潑砂。口方四字享榮華。此身不入公卿位。必向名山作大家。

口方須正與唇紅。兩角彎朝向上弓。迍否初年何所慮。猶看他日邁群雄。

口角歪斜晚景寒。倔強言語起爭端。立朝束帶如花者。只恐西風一夜殘。

口薄唇掀說是非。交遊不可近庭幃。搖唇鼓舌斯人也。怕入網羅惹禍機。

疾言撮嘴總多虞。先富後貧相矣夫。家有黃金盈巨萬。冰消瓦解是糊塗。

【四學堂八學堂】

所謂「四學堂」，包括眼（官學堂）、印上（祿學堂）、耳（外學堂）和門牙（內學堂）；而「八學堂」就包括眉（班笋學堂）、眼（明秀學堂）、額（高廣學堂）、額上（高明學堂）、印堂（光大學堂）、口唇（忠信學堂）、舌（廣德學堂），以及耳（聰明學堂）。

四學堂八學堂圖

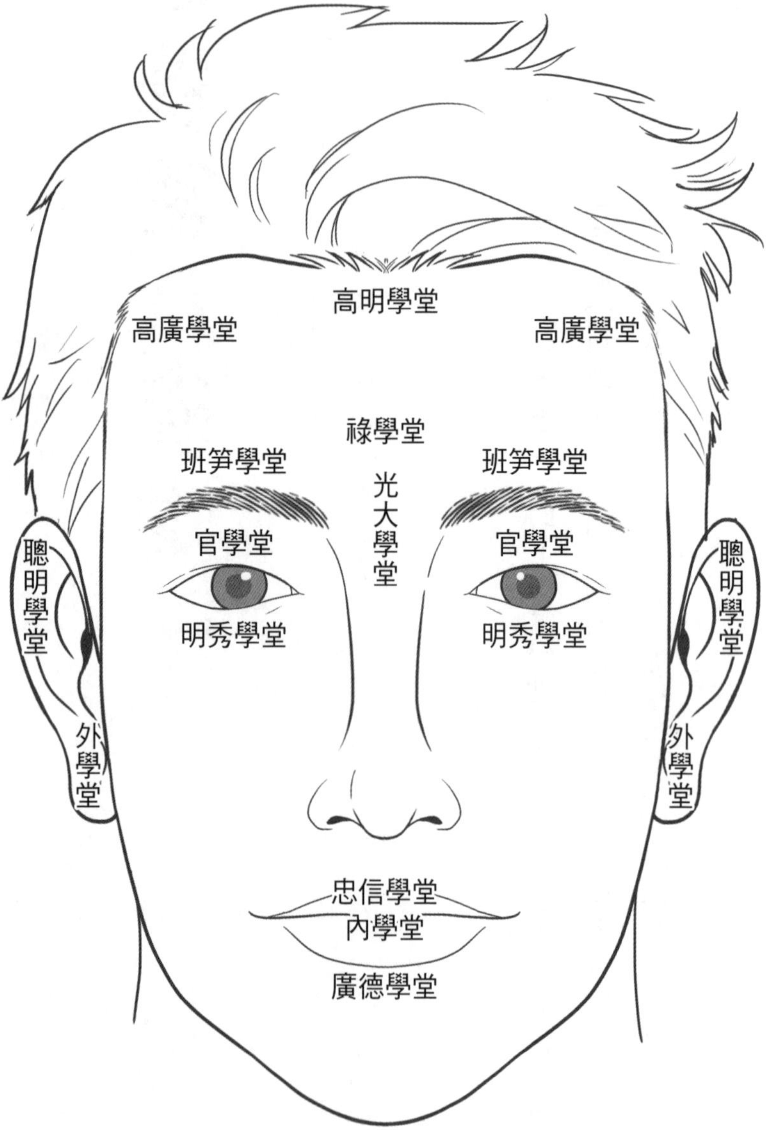
高明學堂
高廣學堂
高廣學堂
祿學堂
班笋學堂
班笋學堂
光大學堂
官學堂
官學堂
聰明學堂
聰明學堂
明秀學堂
明秀學堂
外學堂
外學堂
忠信學堂
內學堂
廣德學堂

四學堂八學堂解釋表

四學堂
眼為官學堂，又為官星
耳為外學堂，又為金馬玉堂之位
印上為祿學堂，又為天爵之位
門牙為內學堂，又為口德學堂

八學堂
眉為班笋學堂，問壽在眉
眼為明秀學堂，問貴在眼
額為高廣學堂，問福在兩角
額上為高明學堂，問富在額
印堂為光大學堂，問官在印
口唇為忠信學堂，問祿在口
舌為廣德學堂，問德在舌
耳為聰明學堂，問名在耳

古訣論四學堂八學堂

【四學堂論】

【官學堂】

一曰眼為官學堂。眼要長而清。主官職之位。

【祿學堂】

二曰額為祿學堂。額闊而長。主官壽。

【內學堂】

三曰當門兩齒為內學堂。要周正而密。主忠信孝敬。疏缺而小。主多狂妄。

【外學堂】

四曰耳門之前為外學堂。要耳前豐滿光潤。主聰明。若昏沉。愚魯之人也。

【八學堂論】

【高明】

第一高明部學堂。頭圓或有異骨昂。

【高廣】

第二高廣部學堂。額角明潤骨起方。

【光大】

第三光大部學堂。印堂平明無痕傷。

【明秀】

第四明秀部學堂。眼光黑多入隱藏。

【聰明】

第五聰明部學堂。耳有輪廓紅白黃。

【忠信】

第六忠信部學堂。齒齊周密白如霜。

【廣德】

第七廣德部學堂。舌長至準紅紋長。

【班笋】

第八班笋部學堂。橫起天中細秀長。八位學堂如有此，人生富貴多吉祥。

古訣再論四學堂

十二學堂作相觀，詳明別部細參看，何須名目多如許，仔細思量總一般。

【四學堂】

◎眼為官學堂，又為官星，明秀學堂，最要黑白分明，長秀有神，必主貴顯、名聲，為清貴之格。

◎印為祿學堂，又為天爵之位，要全額總斷，額要飽滿，印堂開闊，中正官祿宮之處不陷，必主少年宮祿成就。

◎耳為外學堂，又為金馬玉堂，又為聰明學堂、聞明學堂，最宜光潤，色白過面，大而硬，垂珠，主爵祿，豐潤富貴。

◎門牙內學堂，又為口德學堂、祿食學堂，要色白端正而密，主忠信，多食祿。

【玉管訣】

上輔學堂左右分，平如鏡子亦無紋，更兼中正無傾陷，定作公侯位高人。

中輔學堂七十分，平光潤澤是賢臣，更兼下部有成就，六部大臣近至人。

下輔學堂地閣朝，承漿俱滿是官僚，如若中輔來相應，必坐朝堂佐舜堯。

【十二宮】

對於十二宮，有些古書的說法是不相同的，但問題不是太大，最主要知道其用法即可，故不管十二宮、十三宮或十四宮，照看其部位、解釋與用法就沒問題了。

十二宮圖

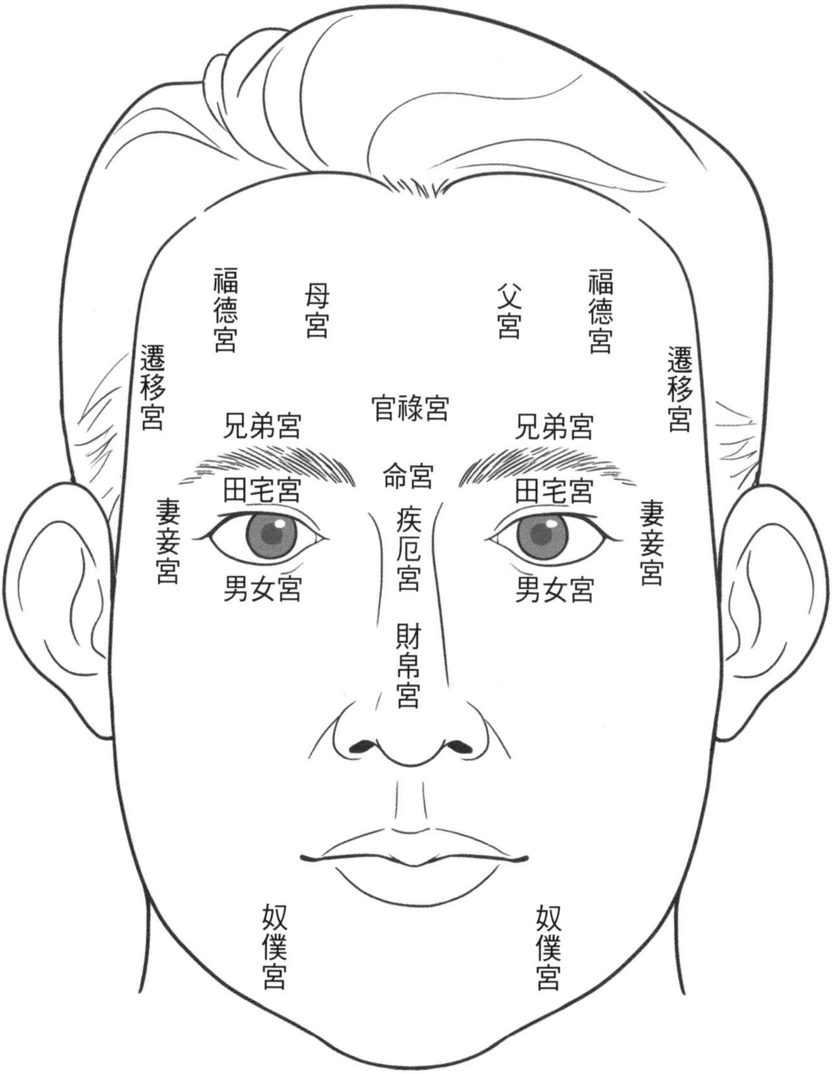
福德宮
母宮
父宮
福德宮
遷移宮
遷移宮
官祿宮
兄弟宮
兄弟宮
命宮
田宅宮
田宅宮
妻妾宮
疾厄宮
妻妾宮
男女宮
男女宮
財帛宮
奴僕宮
奴僕宮

十二宮解釋表

官祿宮	位在中正，上合離宮
父母宮	父在日角，母在月角
福德宮	統額至頦，若五星朝拱，平生福祿滔滔；天地相朝，為人必全五福；額窄，苦在初年；頤尖，否在晚景
兄弟宮	在眉
命　宮	在印堂
田宅宮	在眼（正確應為眉眼之間）
妻妾宮	位在魚尾，號曰奸門
男女宮	在兩眼下，名曰淚堂
疾厄宮	在山根
財帛宮	在鼻
遷移宮	位居眉角，號曰天倉
奴僕宮	地閣豐滿則多

官祿宮

位在司空、中正間，以平滿飽脹為佳，主三十歲前升遷運佳。相反，凹陷或有紋痣，主三十歲前升職運差，一定要自己不停轉職到別的公司工作，自己提升自己的職位。另外，官祿宮凹陷又主異路功名，也就是會從事與唸書時無關的工作。

父母宮

父母宮，位在日月角上，左為父，右為母，最宜兩角崢嶸，主父母緣佳；最忌凹陷或有紋痣，主父母緣薄，無助力。

福德宮

福德宮，主全貌。如五嶽五星來朝，四水流通，倉庫豐隆，則平生福自天來，否則一生衣祿不全，難言福分。

兄弟宮

眉為兄弟宮，眉毛緊貼眉骨生長，主兄弟緣厚，感情要好；如散亂粗豎、逆生、眉頭交連，則兄弟感情差、反目或不相往來。

命宮

兩眉中間，即印堂之位置為命宮，命宮在面相上最為重要，又稱「願望宮」，一生願望是否容易達到，命宮有着非常重要的影響。

命宮平滿開闊，一生願望容易達成，且為人適應力強，容易適應不同的環境，人自然較容易成功；命宮凹陷或有紋侵痣破，則一生願望不易達成，且人較執著，適應力不足，亦較為內向。

田宅宮

田宅宮在眉眼之間的位置，主要用來察看親屬緣分。一般而言，東方人的田宅宮較闊；歐美，尤其是美國人的田宅宮較窄，即眉眼生得緊貼。故此，一般東方人與家族、父母或親人相聚的時間較多，關係亦較為密切；西方人田宅宮太窄，可推斷其人與親屬甚至父母的緣分都屬一般，關係較為疏離。

即使東方人，女性的田宅宮一般都比男性為闊，明乎此便知道為何女兒會較多與父母聯繫，而兒子相對較少。

妻妾宮

古時左為妻，右為妾，現代可稱之為「夫妻感情宮」。感情除看鼻樑夫妻位外，魚尾奸門亦非常重要。此位宜平滿、光潤、無紋侵痣破，必主夫妻和諧，相敬至老；最忌瘦陷、色黑、紋痣缺陷，必主夫妻不睦或體弱多病。

男女宮

眼下臥蠶位置，宜豐厚潤白，主子女多而易養，子女賢慧；最忌瘦陷、烏黑、十字網紋密佈，如此則子女必不賢孝，或體弱多病、難養。

疾厄宮

在山根年上、壽上之位，為疾厄宮，年上主家人，壽上主自身，最要氣色明潤，如此則自身與家人身心康泰；忌青黑、紋痕痣癦，主憂驚災病，自身與家人常陷疾病災厄。

財帛宮

財帛宮，即鼻準與金甲之位。鼻頭宜豐厚明潤，金甲宜肉厚而結實，如此必能儲積財富；最忌鼻準無肉，金甲空浮或現紅氣，必主錢財易聚易散，財富難以積存。

遷移宮

遷移宮在眉上至額角的位置。高闊明潤，則出入平安，遠行無憂；低窄色青或起紅點，必出行受阻，行不暢順，道途災驚。

奴僕宮

奴僕宮為地閣與腮骨當中之處，最宜飽脹有肉，主奴僕成群，最忌瘦陷，主不得下屬之力，事事要親力親為，即使傭人也不聽使喚或者找不到理想人選。

古訣論十二宮（一）

【十二宮總訣】

印堂為命宮。鼻為財帛宮。眉為兄弟宮。眼為田宅宮。淚堂男女宮。地閣奴僕宮。奸門妻妾宮。山根疾厄宮。天倉遷移宮。中正官祿宮。倉庫福德宮。二角父母宮。

十二宮部位圖

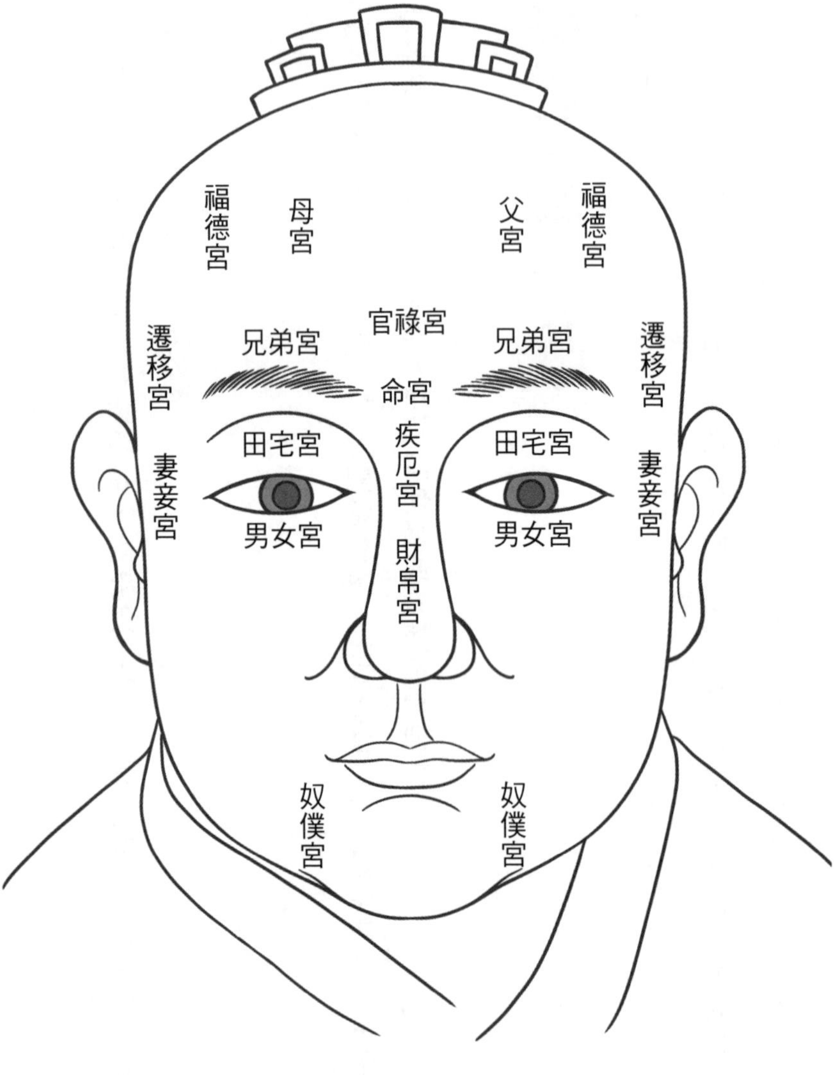
福德宮
母宮
父宮
福德宮
官祿宮
遷移宮
兄弟宮
兄弟宮
遷移宮
命宮
田宅宮
疾厄宮
田宅宮
妻妾宮
妻妾宮
男女宮
男女宮
財帛宮
奴僕宮
奴僕宮

【一 命宮】

命宮居兩眉之間。山根之上。印堂是也。此宮為首宮之統。要明潤主壽長。紋交者身命早傾。懸針主剋妻害子。山嶽不宜昏暗。有川字紋者。主宰相。平直明潤者。身常吉。

賦曰。印堂光明如鏡。學問皆通之士。山根平滿似玉。福壽安享之人。富榮者眼若澄波映帶。位尊者眉如新月照耀。印堂紋穿。當成六害之相。命宮凹陷。空負八斗之才。亂紋交加。終必受其桎梏。惡痣偏側。身心遭其囹圄。

氣色。赤色如絲在命宮。或起點如麻者。主三年公訟。重則囚禁。黑氣如枯炭者。主死。青色如銅青。主半年之內禍至。家下破財。凡事不遂。白色若見。主哭聲動。有父母必刑傷。無父母剋兄弟妻子。黃色若見。凡事稱意。庶人發財。為官遷職。病者死而復生。官事必獲大勝。行人遠信至吉。

【二 財帛宮】

財帛宮。天倉地庫金甲匱井竈是也。總宜豐滿。鼻又為財帛之宮。更要隆厚明潤。圓而有肉。齊截如筒者。此為財星得地。

賦曰。鼻乃財星。位居土宿。似截筒者。倉箱之儲可滿。如懸膽者。金谷之富可求。豐厚有勢。定知財自天來。尖薄無肉。焉得囊有餘貯。井竈昂露。中年甑釜生塵。蘭廷缺小。晚景爨火久虛。必要甲匱盈滿。休教倉庫傾欹。

氣色。鼻乃屬土。最怕青色。為木剋土。黃色現光瑩潤澤。大發資財。庶人喜慶橫發。為官重主陞遷。輕主財祿。常人園圃。無不稱意。青色起重者為羅星。主十年虛耗。輕者主疾病暗退。赤色主公訟及膿血災。若與黃色並見。因訟得財。白色見孝服破財。黑氣主囚禁財散。黑色遮準頭。輕則三日。重則朝發暮死。

【三 兄弟宮】

兄弟宮。在兩眉。左為羅睺。右為計都。須要豐蔚。不宜虧陷。長秀則兄弟和睦。短促則分離隔角。眉有旋毛。兄弟眾多。眉毛散亂。錢財不聚。眉毛逆生。兄仇弟害。眉清有彩。騰達清高。

賦曰。眉長過目。五六兄弟和順。短不及目。二三雁行欠和。稀疏遠映。真如手足之情。短促交加。難免參商之變。眉環塞眼。嗟棠棣之必疏。眉豎插天。羨獨（獨本猴類。能食猿猴其行無雙。故曰獨。）行之果勇。交連黃薄。幹枝消縮復何疑。痕斷疏散。骨肉蛇鼠事堪嗟。

氣色最要光明潤澤。青色重遮。兄弟有災。多不如意。尤忌隔角。黃色主有喜。黃色左遮。進人口之喜。右遮造屋進田娶婦之喜。赤色主兄弟不和。口舌爭鬥。又主虛驚。白色主爭田奪地之事。無公訟。主損傷手足。如黑氣主剋兄弟。多有殺傷鬥毆橫事。曖昧不明之禍。

【四 田宅宮】

田宅宮者。在天倉地庫之上。又云兩眼為田宅。要清秀黑白分明。又曰土星為田宅。地閣要朝天庭。豐滿明潤。主田宅進益。若低塌昏暗。主田宅破敗。若飛走不朝。則田宅俱無。

賦曰。田宅位居眼目。有無斷憑倉庫。最怕赤脈侵瞳。更嫌火輪怒視。神藏有威。定主田園廣闊。睛實不露。可斷阡陌綿長。天倉缺陷。初年破盡家資。地庫尖虧。晚景難留祖業。

氣色。天倉地庫。要豐滿明潤。嫌低塌昏暗。青主官非退敗。田業不豐。黃氣主產業大盛。十年進益。黑主萬畝成空。赤主公訟退業。田禾有損。白主丁憂孝服。退敗不利。白氣如粉。主死亡退業。紅主成田宅之喜重重。黃氣點點如珠。主二十年大旺。增置業產。黃明吉昌。謀無不遂。君子加官。即日得陞。小人得寵。利見貴人。武職或領兵馬。殺氣旺者。行師主官財賦。或入運司等處。

【五 男女宮】

男女宮者。在眼下臥蠶之位是也。須要豐厚。不宜空陷。紅潤平滿者多男。左枯損男。右枯損女。左眼下有臥蠶紋者。主生貴子。凡男女眼下無肉者。妨害男女。臥蠶陷者。陰騭少。多絕嗣。亂紋侵者。主假子及招義女。魚尾及龍宮。黃色環繞。為陰騭紋見。曾為陰德濟人。必有果報。

賦曰。位居臥蠶。名曰淚堂。臥蠶平滿。兒孫福祿榮昌。陰騭紋見。子息富貴清高。深陷者定於男女無緣。紋痣者必是兒孫有剋。豐滿明闊。攜子攜孫之榮。氣色青紅。弄璋弄瓦之喜。龍宮陷低。嗣續何由而得。臥蠶平起。後人必然可昌。

氣色要光潤。無滯氣。若有紫氣。生好男女。赤主產厄。有驚恐。或因於口舌干連。亦且膿血之災。青色左青誕男。右青誕女。若青帶枯槁如死灰色。主子女厄。又主兒孫啾唧不安。百不稱心。黃主兒孫喜慶。黃紫重重。主生貴子之喜。白色主剋子女。又損傷難養。黑色主子女瘟疫水厄之災。刑剋不利。黑白兼者。主男女悲哀。紅黃主喜。

【六 奴僕宮】

奴僕宮者。在地閣之位。又云懸壁無虧。奴僕不少。如是枯陷。奴僕俱無。

賦曰。位居地閣。重接水星。頦圓頤滿。呼則諾而聚則群。嘴尖地削。饑則附而飽則颺。水星方大。主呼聚喝散之權。地角尖虧。招受恩反仇之怨。

氣色青。主牛馬六畜損傷。奴僕走失。兼有疾病。赤主奴僕口舌。是非疫癘。圓厚光明。主進牛馬之喜。紅黃主進奴僕。六畜大旺。左門右戶。排立成行。白主奴僕牛馬六畜損傷。黑主牛馬不利。

【七 妻妾宮】

妻妾宮者。魚尾奸門之位。光潤無紋。必保妻全。須要平滿。不宜凹陷。豐滿則夫貴妻榮。明潤得貴人女為妻。女人缺陷。則主妨夫淫亂。敗家放蕩。若女人面如滿月。下頦豐滿。國母之貴。

賦曰。位居魚尾。號曰奸門。光潤無紋。必保妻全四德。豐隆平滿。更主財帛千箱。顴骨侵天。因妻得祿。奸門亂理。乃號生離。黑痣斜紋。外情好而中饋多怨。豐潤明淨。應妻賢而內助堪誇。

氣色青。主妻妾常病。憂愁思慮。赤主夫妻口舌。又主膿血之災。有孕者防產難。白色主妻私通。或主刑妻。黑色災險。及小口有災。又主瘟疾。黑白主夫妻男女之悲。有破財損肢折體。百不如心。或分離。黃色主夫妻偕老。

【八 疾厄宮】

疾厄宮者。在山根年壽之位。豐滿無病。深陷多災。若年壽明淨者主康泰。劍脊者主凶災。

賦曰。印堂之下。山根之位。皎皎豐隆。災病何染。亭亭伏犀。文章可誇。瑩然光采。定主五福俱全。年壽相扶。乃為百災難入。紋痕低陷。連年宿疾沉痾。枯陷尖斜。終身災厄病苦。

氣色青。主憂驚。主淹滯不脱。或犯神鬼之災。赤防重災。主虛驚卒哭。白色主妻子之悲。又防手足跌傷。黑主自身暴卒。百不稱心。舉家防瘟疫之患。水火之災。紅黃紫。主喜氣之吉兆。

【九 遷移宮】

遷移宮者。在天倉邊地驛馬山林髮際。乃為出入之所。宜明潤潔淨。利遠行。若昏暗缺陷。及有黑子。不宜出入。多主不利。

賦曰。位居眉角。號曰天倉。其位豐盈。外出無憂。各部華采。到處欽羡。騰騰驛馬。貴宦威鎮九邊。靄靄山林。俠客遨遊四海。額角低陷。到老住場難覓。眉連交接。此人破祖無家。天地偏斜。十居九移之人。倉庫陷削。三反四覆之漢。

氣色。諸宮黃色如珠。主出外獲財。貴人和順。遊宦者文書旺相得拔薦。百事稱心。庶民多利。赤色出外防是非驚恐。公訟干擾。白主馬僕有失。手足折傷。黑主道路身亡。百事不能稱遂。出外者防死亡水厄之患。紅黃無往不利。

【十 官祿宮】

官祿宮。居天庭之下。中正之位。光潤平滿。功名順暢。假若兩目神清。閃如曙星。龍睛鳳目。皆主貴。印堂明潤。兩耳色白過面。聲聞天下。官祿榮顯。如若缺陷。諸部有差。則無名譽。

賦曰。位居中正。上合離宮。伏犀貫頂。早羨功名顯達。額角崢嶸。定主超凡志氣。紋痕來破。常招非橫之事。傾陷若欹。實死徒刑之人。馹馬朝歸。必因官而致富。印堂扶拱。亦藉貴而得名。

氣色。紅黃在宮。為官者。主有詔書加官進職之喜。庶民大利。公訟得理。僧道章服。青主憂疑。公訟悠悠牽連。在官者百事俱不如意。赤主刑獄公訟。囚禁枷鎖。災厄口舌。又主因訟破家兵傷。黑主為官降職。囚禁瘟疫。人口不安破財。百不稱心。黑如磚色者。主死於牢獄囚禁枷鎖之罪。

【十一 福德宮】

福德宮。居天倉地庫之位。要豐滿明潤。主人坐享富貴。若相朝揖。重重祖蔭。福祿來崇。若尖削缺陷。到老貧窮。諸凡不利。

賦曰。福德位居天倉。兼連地閣。天地相朝。功名早馳於金闕。倉庫扶拱。富有已播於鄰邦。嶽瀆清明。此人必行功德而全五福。精神爽澈。其人定有前程而獲遐齡。頦圓額窄。困頓必有初年。額闊頦尖。迍否還從晚景。眉高耳聳。名成利遂之士。背圓腰肥。席厚履豐之人。五嶽傾欹。難言美相。六府充盈。可云福澤。

氣色。倉庫青。主憂疑。家宅不安。赤主口舌是非。又主酒肉。白主災疾。暗慘退耗。黑主進退憂疑。滿面紅黃者吉。

【十二 父母宮】

父母宮。論日月二角。若高則父母長壽。若低則幼失雙親。暗主父母有疾。左角偏妨父。右角偏妨母。或同父異母。或隨母嫁父。又曰額左偏損父。右偏損母。又曰鼻偏向右。先損母。偏向左。先損父。又曰左耳短小。先損父。右耳短小。先損母。又曰。三陽同父斷。三陰同母斷。又云重羅疊計。父母重拜。或父亂母淫。與外姦通。頭傾額窄。多是庶出。或因姦而得。又曰。左眉高。右眉低。父在母先歸。右眉上。左眉下。父死母再嫁。

賦曰。額塌眉交。父母早拋。嘴尖髮低。父母早歸。眉耳眼鼻。有高下厚薄之分。頂額蘭庭。有偏正削小之別。左右何限。刑剋無疑。兩角朝天。父母必主榮封。雙鬢入頂。高堂定登壽籍。髮濃低壓。愚魯而早別雙親。頤尖撮聚。兇頑而侵剋二人。俱宜部正位平。不可重羅疊計。

氣色。日月角青色。主父母憂疑。有口舌相傷。黑白主父母喪亡。紅黃主雙親喜慶。更觀其各部氣色。可以知父母之吉凶必矣。

【十二宮總詩】

十二宮中仔細詳。還看各部要相當。下愚執一聰明悟。相理衡真四字強。

【十二宮詩訣】

【命宮詩 二首】

一點印堂是命宮。光明瑩靜事皆通。莫教紋理懸針破。散盡家財祖業空。

印堂低陷眉中央。交鎖眉頭剋父娘。眉曲紋生田地破。勾紋橫亂被刑傷。

【財帛宮詩 二首】

鼻主財星勢若隆。兩邊廚灶莫教空。偏斜反小應貧苦。仰露中年必困窮。

財帛應教鼻準隆。風門齊截綺羅中。彎彎右曲妻家散。左曲原來至老窮。

【兄弟宮詩 二首】

眉為兄弟最宜長。兄弟生成四五強。兩角不齊須異母。交連黃薄喪他鄉。

眉長過目弟兄多。龍虎眉毛貴且和。亂雜交加棠棣惡。愁容促短奈如何。

【田宅宮詩 二首】

眼為田宅莫庸庸。清秀分明食萬鍾。溷濁陰陽昏更露。家消財縮定孤蹤。

兩目朦朧神不開。常因田宅意徘徊。秀威澄澈多阡陌。千萬倉箱得得來。

【男女宮詩 二首】

男女多多看淚堂。瑩然光采好兒郎。羅紋理亂來侵位。宿債前緣不可當。

紋生羅網最難當。深陷乾枯子夭亡。紅紫定然生富貴。他年榮顯壽綿長。

【奴僕宮詩 二首】

奴僕還須地閣豐。水星兩角似彎弓。呼群喝散無違忤。飽亦不颺信義同。

奴僕宜觀兩海門。端平瑩淨實堪論。紋生若亂奴多失。穿陷偏斜牛馬奔。

【妻妾宮詩 二首】

奸門光澤保妻門。財帛盈箱見美婚。魚尾下垂防產難。斜紋黑痣鵲鶉奔。

魚尾奸門怕破痕。破痕妻妾有何恩。其間舉劍招凶婦。若不為凶酒色昏。

【疾厄宮詩 二首】

山根疾厄起平平。一世無災禍不生。懸理紋穿兼缺陷。辛辛苦苦百難成。

山根聳直面無愁。志氣凌霄射斗牛。眉目有神光上國。病災些子不須憂。

【遷移宮詩 二首】

遷移宮裏在天倉。低陷平生少住場。地閣相朝應末限。蘭廷拱照不尋常。

潤澤天倉出入強。九州走遍任施張。官高位顯如何好。此部常明仔細詳。

【官祿宮詩 二首】

中正成時祿位強。山根倉庫要相當。洒然瑩淨無痕點。定主官榮貴久長。

骨陷不端戀俗情。髮低額小少前程。五官難配貧窮漢。帶了懸針骨肉爭。

【福德宮詩 二首】

福德天倉地閣圓。五星光朗福綿綿。最嫌缺陷還尖破。衣食愁來總不全。

倉庫豐隆正面開。平生福德自天來。堂堂相貌無差忒。富貴中人不用猜。

【父母宮詩 二首】

陰陽日月主高堂。明潤黃光福壽昌。兩角崢嶸須遠大。看他父母有分章。

兩角陷低早主哀。長因父母意徘徊。評看刑剋兼他部。仔細推詳仔細裁。

古訣論十二宮（二）

【十二宮訣】

【一 命宮】

命宮者。居兩眉之間。山根之上。光明如鏡。學問皆通。山根平滿乃主福壽。土星聳直。扶拱財星。眼若分明。財帛豐盈。額如川字。命逢驛馬官星。果若如斯。必保雙全富貴。凹沉必定貧寒。眉接交相成下賤。亂理離鄉又剋妻。額窄眉枯。破財迍邅。

詩曰　眉眼中央是命宮。光明瑩淨學須通。
若還紋理多迍滯。破盡家財及祖宗。

命宮論曰。印堂要明潤。主壽長久。眉交者身命早傾。懸針主破。剋妻害子。山嶽不宜昏暗。有川字紋者。為將相。平正明潤身常吉。得貴人之力。氣色青黃虛驚。赤主刑傷。白主喪服哭悲。黑主身亡。紅黃主壽安。終身吉兆。

【二　財帛】

鼻乃財星。位居上宿。截筒懸膽。千倉萬箱。聳直豐隆。一生財旺富貴。中正不偏。須知永遠滔滔。鷹嘴尖峰。破財貧寒。莫教孔仰。主無隔宿之糧。廚竈若空。必是家無所積。

詩曰　鼻主財星瑩若隆。兩邊廚竈莫教空。
仰露家無財與粟。地閣相朝甲匱豐。

財帛宮論曰。天倉。地庫。金甲匱。井竈。總曰財帛宮。須要豐滿明潤。財帛有餘。忽然枯削。財帛消乏。有天無地。先富後貧。天薄地豐。始貧終富。天高地厚。富貴滿足。蔭及子孫。額尖窄狹。一生貧寒。井竈破露。廚無宿食。金甲匱豐。富貴不窮。氣色昏黑。主破失財祿。紅黃色現。主進財祿。青黃貫鼻。主得橫財。二匱豐厚。明潤清和。居官而受賞賜。赤主口舌。

【三 兄弟】

兄弟位居兩眉。屬羅計。眉長過目。三四兄弟無刑。眉秀而疏。枝幹自然端正。有如新月。和同永遠超群。若是短粗。同氣連枝見別。眉環塞眼。雁行必疏。兩樣眉毛。定須異母。交連黃薄。自喪他鄉。旋結回毛。兄弟蛇鼠。

詩曰　眉為兄弟軟徑長。兄弟生成四五強。
兩角不齊須異母。交連黃薄送他鄉。

兄弟宮論曰。兄弟羅計。須要豐蔚。不宜虧陷。長秀則兄弟和睦。短促不足則有分離孤獨。眉有旋毛。兄弟眾多。狠性不常。眉毛散者。錢財不聚。眉毛逆生。仇兄賊弟。互相妬害。或是異姓同居。眉清有彩。孤騰清高之士。眉毛過目。

兄弟和睦。眉毛中斷。兄弟分散。濃淡豐盈。義友弟兄。氣色青。主兄弟鬥爭口舌。黑白。兄弟傷亡。紅黃之氣。榮貴喜慶。

【四田宅】

田宅者。位居兩眼。最怕赤脈侵睛。初年破盡家園。到老無糧作蘗。眼如點漆。終身產業榮榮。鳳目高眉。置稅三州五縣。陰陽枯骨。莫保田園。火眼冰輪。家財傾盡。

詩曰 眼為田宅主其宮。清秀分明一樣同。
若是陰陽枯更露。父母家財總是空。

田宅宮論曰。土星為田宅主。地閣要朝。天庭豐滿明潤。主田宅進益。低塌昏暗傾欹。主破田宅。若飛走不朝。田宅俱無。氣色青。主官非。田宅無成。黑主杖責。白主丁憂。紅主成田宅喜重重。黃明吉昌。謀無不遂。君子加官。即日得陞。小人得寵。利見貴人。武職或領兵馬。殺氣旺者即行師。主管財賦。或入運司等處。五品至三品。三品至二品。如是詳看。六品以下。另作區處。

【五 男女】

男女者。位居兩眼下。名曰淚堂。三陽平滿。兒孫福祿榮昌。隱隱臥蠶。子息還須清貴。淚堂深陷。定為男女無緣。黑痣斜紋。到老兒孫有剋。口如吹火。獨坐蘭房。若是平滿人中。難得兒孫送老。

詩曰 男女三陽起臥蠶。瑩然光采好兒郎。
懸針理亂來侵位。宿債平生不可當。

男女宮論曰。三陰三陽。位雖豐厚。不宜枯陷。左三陽枯。剋損男。右三陰枯。剋損女。左眼下有臥蠶紋生貴子。凡男女眼下無肉者。妨害男女。臥蠶陷者。陰騭少。當絕嗣也。亂紋侵者。主假子及招義女。魚尾及龍宮黃色環繞。主為陰騭紋見。曾懷陰德濟於人。必有果報。又云。精寒血竭不華色。男不旺。女不育。若陰陽調和。精血敷暢。男女交合。故生成之道不絕。宜推於形象外。當以理言。玄妙自見也。氣色青主產厄。黑白主男女悲哀。紅黃主喜至。三陽位紅生兒。三陰位青生女。

【六 奴僕】

奴僕者。位居地閣。重接水星。頦圓豐滿。侍立成群。輔弼星朝。一呼百諾。口如四字。主呼聚喝散之權。地閣尖斜。受恩深而反成怨恨。紋紋敗陷。奴僕不周。牆壁低傾。恩成仇隙。

詩曰 奴僕還須地閣豐。水星兩角不相容。
若言三處都無應。傾陷紋痕總不同。

奴僕宮論曰。懸壁無虧。奴僕不少。如是枯陷。僕馬俱無。氣色青。主奴僕損傷。白黑主僕馬墜墮。不宜遠行。赤主僕馬口舌。損馬失財。黃色勝。牛馬奴僕自旺。左門右戶。排立成行。

【七 妻妾】

妻妾者。位居魚尾。號曰奸門。光潤無紋。必保妻全四德。豐隆平滿。娶妻財帛盈箱。顴星侵天。因妻得祿。奸門深陷。長作新郎。魚尾紋多。妻防惡死。

奸門黯黲。自號生離。黑痣斜紋。外情好而心多淫慾。

詩曰 奸門光澤保妻宮。財帛盈箱見始終。
若是奸門生黯黲。斜紋黑痣蕩淫奔。

妻妾宮論曰。魚尾限要平滿。不宜剋陷。豐滿則夫貴妻榮。奴僕成行。婦女魚尾奸門明潤。得貴人為夫。女人鼻如懸膽則主富貴。缺陷則主妨夫。淫亂敗家。放蕩不旺夫。婦人面如滿月。下頦豐滿。主國母之貴。氣色青。主妻妾憂愁思慮。赤主夫妻口舌。黑白主夫妻男女之悲。紅黃色見。主夫妻男女和諧之喜。如有暗昧。主夫妻分離。不然。隔角少情。

【八 疾厄】

疾厄者。印堂之下。位居山根。隆如豐滿。福祿無窮。連接伏犀。定主文章。瑩然光采。五福俱全。年壽高平。和鳴相守。紋痕低陷。連年連疾沉疴。枯骨尖斜。未免終身受苦。氣如煙霧。災厄纏身。

詩曰 山根疾厄起平平。一世無災禍不生。
若值紋痕並枯骨。平生辛苦卻難成。

疾厄宮論曰。年壽明潤康泰。昏暗疾病至。氣色青。主憂驚。赤防重災。白主妻子之悲。黑主身死。紅黃紫主喜氣之兆也。

【九 遷移】

遷移者。位居眉角。號曰天倉。豐盈隆滿。華采無憂。魚尾位平。到老得人欽羨。騰騰驛馬。須貴游宦四方。額角低陷。到老住場難覓。眉連交接。此人破祖離家。天地偏斜。十居九變。生相如此。不在移門。必當改墓。

詩曰 遷移宮分在天倉。低陷平生少住場。
魚尾末年不相應。定因游宦卻尋常。

遷移宮論曰。邊地驛馬。山林髮際。乃為出入之所。宜明潤潔淨。利遠行。若昏暗缺陷及有黑子。不宜出入。被虎狼驚。氣色青。遠行主驚。失財。白主馬僕有失。黑主道路身亡。紅黃紫宜獲財喜。

【十官祿】

官祿者。位居中正。上合離宮。伏犀貫頂。一生不到訟庭。驛馬朝歸。官司退擾。光明瑩淨。顯達超群。額角堂堂。犯着官司貴解。宮痕理破。常招橫事。眼如赤鯉。實死徒刑。

詩曰 官祿榮宮仔細詳。山根倉庫要相當。
忽然瑩淨無痕點。定主官榮貴久長。

官祿宮論曰。兩眼神光如曙星。龍目鳳睛主貴。印堂明潤。兩耳色白過面。聲聞天下。福祿榮顯。如陷缺飛走而無名譽。氣色青。主憂疑。赤主口舌是非。白主孝服。至紅黃上下。有詔書加官進職之喜。

【十一福德】

福德者。位居天倉。牽連地閣。五星朝拱。平生福祿滔滔。天地相朝。德行須全五福。頦圓額窄。須知苦在初年。額闊頤尖。迍否還從晚景。眉高目聳。尤且平平。眉壓耳掀。休言福德。

詩曰　福德天倉地閣圓。五星光照福綿綿。
若還缺陷並尖破。衣食平平更不全。

福德宮論曰。天倉地庫為福德宮。須要豐滿明潤相朝揖。重重祖蔭。福德永崇。若陷缺不利。淺窄昏暗。災厄常見。人亡家破。蓋因心術損了陰騭。終是勉強神情。氣色青。主憂疑。赤主酒肉。忌口舌。白主災疾。紅黃吉兆。

【十二相貌】

相貌者。先觀五嶽。次辨三停盈滿。此人富貴多榮。三停俱等。永保平生顯達。五嶽朝聳。官祿榮遷。行坐威嚴。為人尊重。額主初運。鼻管中年。地閣水星。是為末主。若有剋陷。斷為凶惡。

詩曰　相貌須教上下停。三停平等更相生。
若還一處無均等。好惡中間有改更。

相貌宮論曰。骨法精神。骨肉相稱氣相和。精神清秀。如桂林一枝。崑山片玉。如珠藏淵。如玉隱石。貴顯名流。翰苑吉士。暗慘而薄者凶。氣色滿面。紅黃明潤。大吉之兆。

【十二宮總訣】

父母宮論曰。日月角須要高明淨。則父母長壽康寧。低塌則幼失雙親。暗昧主父母有疾。左角偏妨父。右角偏妨母。或同父異母。或隨母嫁父。出祖成家。重重災注。只宜假養方免刑傷。又云重羅疊計。父母重拜。或父亂母淫。與外姦通。又主妨父害母。頭傾額窄。多是庶出。或因姦而得。又云。左眉高。右眉低。父在母先歸。左眉下。右眉上。父亡母再嫁。額削眉交者。主父母早拋。是為隔角。反而無情。兩角入頂。父母雙榮。更受祖蔭。父母聞名。氣色青。主父母憂疑。又有口舌相傷。黑白主父母喪亡。紅黃主雙親喜慶。

【八卦九州】

八卦九州空有其名，從古至今能夠找到論述其用處的書籍少之又少，只能找到一篇論述氣色的，以下提供予各位參考。

八卦九州圖

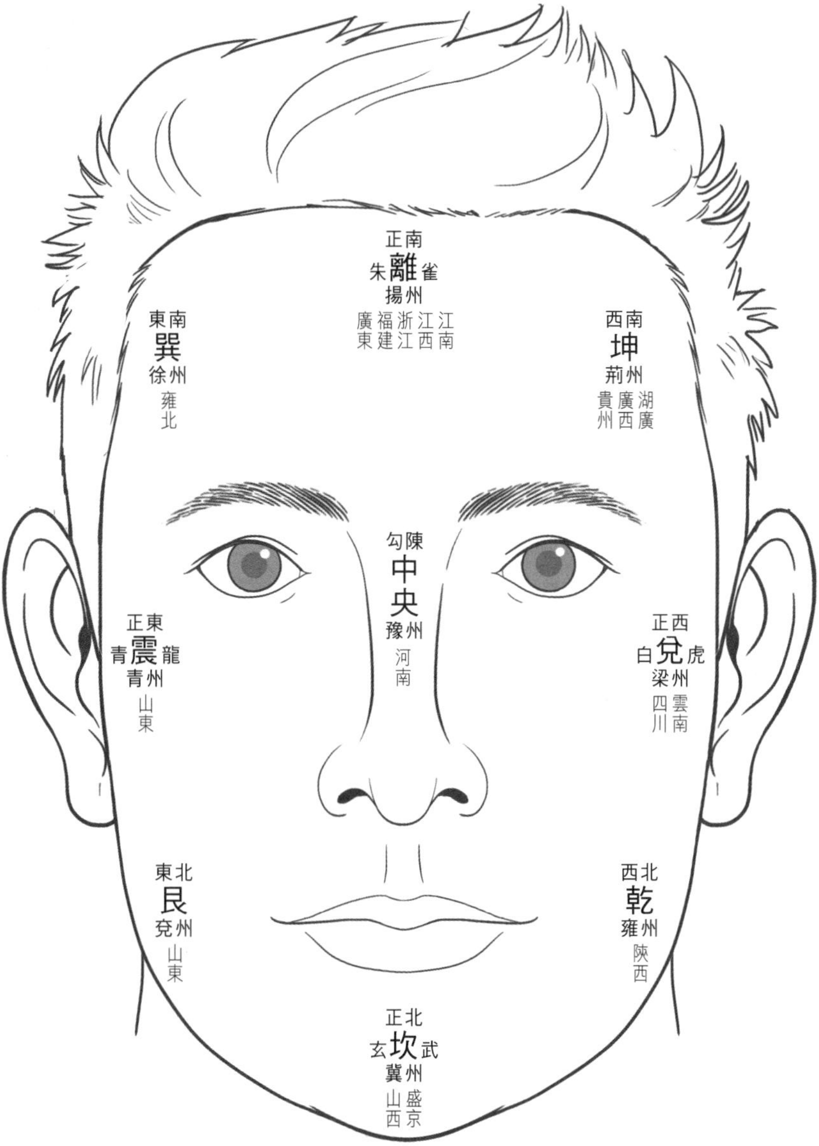

本圖右手為東，左手為西，
與五星左為金星，右為木星者同一方向。

古訣論八卦九州

【定九州氣色吉凶】

冀州豐滿多田宅。缺陷多災禍。揚州豐滿足衣食。缺陷多進退。青州豐滿足金帛。缺陷多成敗。雍州豐滿足官祿。缺陷多是非。豫州豐滿多福壽。缺陷不長久。荊州豐滿多文章。缺陷少知見。徐州豐滿多兒女。缺陷多傷悲。梁州豐滿足信義。缺陷人情少。兗州豐滿長安泰。缺陷多貧賤。

九州豐滿。或一處常有好氣色。及毫痣。必主此處食祿。復又看山林及後福。始終大吉。缺陷塵累。亦非真人。

雍州在乾。左笑靨下。乾位起於西北角。乃天門也。黃宜求官得橫財。白主遠出。黑欲行不仁之事及憂病。碧主陰人被淩辱。遠行吉。紫宜稱心。事天神有福。青大患。官符缺陷。多憂苦。兄弟弱。

冀州在坎中。下唇正北。紫進財與奴婢及生良馬。青主加官。小人宜得財物。黃主宅不安。宜修禳。碧君子吉。小人凶。白主陰司事。赤欲算陷他人。黑主牢獄。

兗州在艮。右笑靨下東北。黃。正月見之。則吉。秋夏見之。則憂父母。白主加官。小人獲財。紫主婚。親事。或宜求事。小人酒食。青主非橫事相干。赤主因歡樂有口舌。碧則主刑獄。黑主盜賊。

青州在震。右顴骨上正東。白宜出入動作。必得財。赤宜忍事。主啾唧。黃不出旬中。有喪服。黑主宅舍不寧。青宜守分。碧主生災。紫主重病。宜禳之。僧道則吉。

徐州在巽。右眼尾東南。青主陰人至。防口舌。赤宜作事。碧主生貴子。黃主百事不稱心。黑主病生事。速宜和之。

揚州在離。印堂上正南。黃忽潤。大人加官。小人吉慶。赤君子吉。小人凶。紫或日月角紅潤。主有吉祥。青男主離別。或主刑獄。白道術人宜。黑災患生。碧主別妻子極應。

荊州在坤。左眼尾下西南。黃相次入梁州。主有喜慶之事。青主憂疑。白主人剉辱。碧主災厄至。赤防盜賊至。黑主心腹有疾。宜早治。紫主女人有私通之事。

梁州在兌。左顴骨上正西。黃主得橫財。白主子孫賢。赤主文事相干。又主病。黑主加官。或飲宴。青主謀他人女子。碧主謀事不成。紫主竊盜之事。

豫州中央在鼻樑上。白主吉。黑家不和。成疾病。碧主憂擾。紫主歡宴。赤煩惱。青心主憂驚。黃常滿中宮。喜樂之相。其色忽見左右。君子加官。小人進財。

【天干地支十二月令】

天干地支十二月令圖亦為看氣色之用——春青、夏赤、秋白、冬黑，此乃正色，又以相生者為吉，相剋者為凶，例如：春青為木之正色，如甲卯乙（屬木）部位出現白色為金剋木為凶；出現黑色，則水生木為吉；紅色為木生火洩氣；黃色為木剋土利財。

天干地支十二月令圖

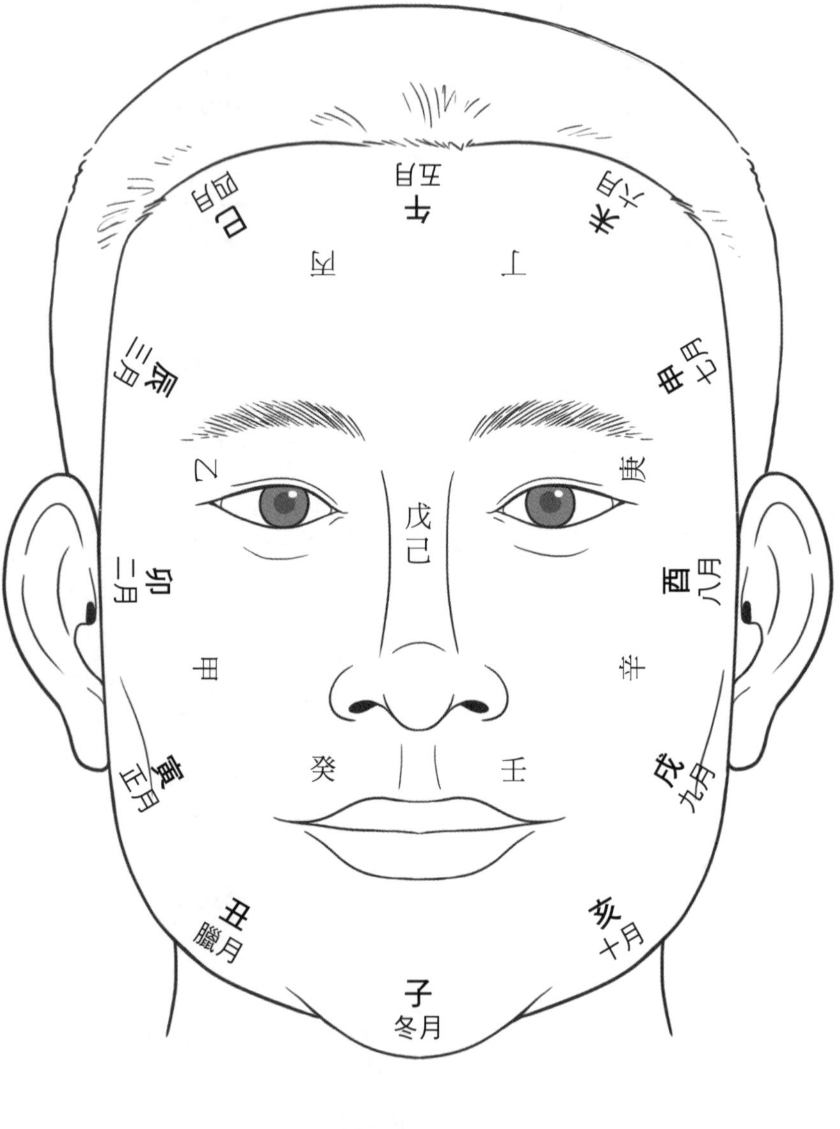

本圖右手為春，左手為秋。

五色

木青、火赤、土黃、金白、水黑。

五行相生

木生火、火生土、土生金、金生水、水生木。

五行相剋

木剋土、土剋水、水剋火、火剋金、金剋木。

古訣論天干地支十二月令

天道週歲。有二十四節氣。人面一年氣色。亦二十四變。以五行配之。無不驗者。但色最難審。當於清明昧爽之時觀之。又須隔絕不醉。不近色。乃可決耳。慎之慎之。

氣色半月一換。交一節氣。子時即變矣。

氣色在皮內肉外。隱隱可掬者。方是真氣色。

氣色現而安靜者。應之遲。若點點焰動不定者。應之速。春要青。夏要紅。秋要白。冬要黑。

四季月要黃。此天時氣色也。

木型人要青。火型人要紅。金型人要白。水型人要黑。土型人要黃。此人身之氣色也。

木型色青。要帶黑。忌白。火型色紅。要帶青。忌黑。金型色白。要帶黃。忌紅。水型色黑。要帶白。忌黃。土型色黃。要帶紅。忌青。此五型生剋之氣色也。

青如晴天日未出之色。而有潤澤為正。為吉。如打傷痕而乾焦。則為邪。為凶。

紅如隙中日影之色。而有潤澤為正。為吉。如打傷痕而焦枯。為邪。為凶。

白如玉而有潤澤為正。為吉。如粉如雪而起粟。則為邪。為凶。

黑如漆而有潤澤為正。為吉。如烟煤而暗。則為邪。為凶。

黃如鵝雛毛。潤澤為正。為吉。如敗葉色而焦枯。則為邪凶。

邪色白主服。紅主訟。及瘡瘍破財。如火珠焰發者。主火災。青主驚恐疾病。黑主大病死亡。黃主疾病失脫。

氣色雖現。亦要看神。色正而神脫。色亦空耳。色邪而神旺。色終莫能為大害也。

【論相先論形局】

古時論相，先論形局，再看心田。但現代社會，人際關係和社交活動頻繁，所以五官之重要性反而超越了形局。

形局者，用以斷人是否能成大器、是否可造之材，但你之成就其實與我無關。相反，在日常交往中，你是否有益於我、會否加害於我或常佔我便宜，卻是每日待人接物時，要接觸的課題；加上古時人口不多，流動性低，遊方之士，稍見一個略有氣度的人便會加以注意，而且古時無官不能論貴，不像現代以富行先。時至今日，貴而不富、清貴無用，唯有富而不貴，至為實際。如果能大富大貴當然好，否則寧願富大貴小，樂得清靜。又古時社會比較簡單，以一般平民百姓為主，懂字的也不多，故有一些特殊人物，心生大志，便不難創出一番事業。反之，現代社會複雜，心懷大志的人不計其數，社會階層，從上而下不知幾許。所以，現代說相不能單以形局論之，且單論形局亦難以在行業內佔一席位，用來自娛還可，執業卻不容易令問卜者滿意，因現代說相最重休咎，反而形局為次。

要看形局，先看氣度，臨事不亂，眼神堅定，嘴唇緊閉，一生必有所成。另外，行如風，坐如鐘，立如松，必成大事；頭圓面方，腰圓背厚，臀豐肉厚，必享高人之福；五嶽四瀆相朝，必主平生富貴；三停平均，一生衣祿無憂。

士農工商，聲亮者必成。丹田為上聲，胸中為中聲，喉嚨為下聲，即使不亮，亦要輕而清，最忌者有氣無聲，有聲無氣，不貧則夭。

又五大、五小、五露、五短，或似禽，或似獸，或金、木、水、火、土五型入格亦必大貴之格，其次還有林林種種的不同形局，多看自然能了然於心。

古訣論形相

【相說】

大凡觀人之相貌先觀骨格。次看五行。量三停之長短。察面部之盈虧。觀眉目之清秀。看神氣之榮枯。取手足之厚薄。觀鬚髮之疏濁。量身材之長短。取五官之有成。看六府之有就。取五嶽之歸朝。看倉庫之豐滿。觀陰陽之盛衰。看威儀之有無。辨形容之敦厚。觀氣色之喜滯。看體膚之細膩。觀頭之方圓。頂之平塌。骨之貴賤。骨肉之粗疏。氣之短促。聲之響亮。心田之好歹。俱依部位流年而推。骨格形局而斷。不可順時趨奉。有玷家傳。但於星宿富貴貧賤。壽夭窮通。榮枯得失。流年休咎。備皆周密。所相於人。萬無一失。學者亦宜參詳。推求真妙。不可忽諸。

【十觀】

一取威儀。如虎下山。百獸自驚。如鷹升騰。狐兔自戰。不怒而威。不但在眼。亦觀顴骨神氣取之。

二看敦重及精神。身如萬斛之舟。駕於巨浪之中。搖而不動。引之不來。坐臥起居。神氣清靈。久坐不昧。愈加精彩。如日東升。刺人眼目。如秋月懸鏡。光輝皎潔。面神眼神。俱如日月之明。輝輝皎皎。自然可愛。明明潔潔。久看不昏。如此相者。不大貴。亦當小貴。富亦可許。不可妄談定。

三取清濁。但人體厚者。自然富貴。清者縱瘦神長。必以貴推之。濁者有神謂之厚。厚者多富。濁而無神。謂之軟。軟者必孤。不孤則夭。

四看頭圓頂額高。蓋人頭為一身之主。四肢之元。頭方者頂高。則為居尊天子。額方者頂起。則為輔佐良臣。頭圓者富而有壽。額闊者貴亦堪誇。頂平者福壽綿遠。頭扁者早歲迍邅。額塌者少年虛耗。額低者刑剋愚頑。額門殺重者。早年困苦。部位傾陷髮際參差者。照依刑剋兼觀。不可一例而言。有誤相訣。

五看五嶽及三停。左顴為東嶽。俱要中正。不可粗露傾塌。額為南嶽。亦喜方正。不宜撇竹低塌。右顴為西嶽。亦與左顴相同。地閣為北嶽。喜在方圓隆滿。不可尖削歪斜。捲竅兜上。土星為中嶽。亦宜方正。聳上印堂。五嶽成也。書云。五嶽俱朝。貴壓朝班。亦且錢財自旺。三停者。額門準頭地閣。此面部三停也。又為三才。又為三主。又名三表。俱要平等。上停長。少年忙。中停長。福祿昌。下停長。老吉祥。三停平等。一生衣祿無虧。若三停尖削歪斜粗露。俱不利也。可照流年部位氣色而推。不可一體而斷。

六取五官六府。眉為保壽官。喜清高疏秀。彎長亦宜。高目一寸。尾拂天倉。主聰明富貴。機巧福壽。此保壽官成也。若粗濃黃淡。散亂低壓。乃刑傷破敗。此保壽官不成也。眼為監察官。黑白分明。或鳳眼。象眼。牛眼。龍眼。虎眼。鶴眼。猴眼。孔雀眼。鴛鴦眼。獅眼。喜鵲眼。神藏不露。黑如漆。白如玉。波長射耳。自然清秀有威。此監察官成也。若蛇蜂羊鼠雞豬魚馬火輪四白等眼。赤白紋侵。睛圓。黑白混雜。兼神光太露。昏昧不清。此監察官不成也。又且愚頑凶敗。

耳為採聽官。不論大小。要輪廓分明。喜白過面。水耳。土耳。金耳。牛耳。圓棋耳。貼腦耳。對面不見耳。高眉一寸。輪厚廓堅。紅潤姿色。內有長毫。孔小不大。此採聽官成也。或鼠耳。木耳。火耳。箭羽耳。豬耳。輪飛廓反。不好之耳。或低小軟弱。此採聽官不成也。不利少年。損六親。

鼻為審辨官。亦宜豐隆。聳直有肉。伏犀龍虎鼻。獅牛胡羊鼻。截筒盛囊懸膽鼻。端正。不歪不偏。不粗不小。此審辨官成也。若狗鼻。鯽魚鷹嘴。劍峰。反吟復吟。三曲三彎。露孔仰竈。扁弱。露脊露骨。太大孤峰。況又凶惡。貧苦無成。刑惡奸貪。此審辨官不成也。

口為出納官。唇紅齒白。兩唇齊豐。人中深長。仰月彎弓。四字口方。牛龍虎口。兩唇不反不昂。不掀不尖。此出納官成也。或豬狗羊口覆船。鮎魚鯽魚。鼠食羊餐。唇短齒露。唇黑唇皺。上唇薄。下唇反。鬚黃焦枯粗濁。此出納官不成也。書云。但一官成者。掌十年之貴祿富豐。不成者。必主十年困苦。

六府者天庭日月二角為天府。宜方圓明淨。不宜露骨。天府成也。或攲削低塌偏尖。天府不成也。主初年運蹇。

兩顴為人府。宜方正插鬢。不粗不露。齊揖方拱。此人府成也。若粗露高低。尖圓繃鼓。此人府不成也。主中年運否。

地角邊腮。為末景地府。喜輔地閣懸壁。不昏不慘。不尖不歪。不粗不大。地府成也。若高低粗露削尖。耳後見重腮。地府不成也。書云。一府就掌十年之富盛。相反者。主十年之凶敗。

七取腰圓背厚。胸坦腹墜。三甲三壬。體膚細嫩可也。背厚闊腰硬腰圓。最嫌背脊成坑。背薄肩垂。肩昂頸削。腰宜圓。宜硬宜大。宜平。不可細小軟弱。崎彎。無屁股。臀薄尖削露。臀宜平厚不宜大竅。胸宜平滿。骨莫粗露。項下雙條。心窩不陷。腹宜有橐。如葫蘆。臍下肉橫生。不宜尖削。或如鵲肚。雞胸狗肚。此不堪也。書云。腰圓背厚。方保玉帶朝衣。驟然不豫。慷慨過人。必主發達富盛。胸平腹橐。故宜紫袍掛體。雖不出前。不入凡流。必須發達。背如三甲。項後肉厚。兩肩繃肉厚。腹如三壬。臍下肉長。兩腿邊肉長。書云。背負三山如護甲。臍深納李腹垂箕。如此之相必大貴。不貴之時富可誇。但頭大無角。腹大無囊。不是農夫。必是屠博。不是粗人。定是木作。若尖削陷軟。狗肚雞胸。縱富必無結果。書云。男子腰小。難主家財。亦且夭折。凸胸露臀。當成窮酸。男子為僕。女子為婢。相中最宜推詳。不可忽略。

八取手足。宜細嫩隆厚。掌有八卦。紋路鮮明。或如噀血。尖起三峰。奇紋異紋。節如雞彈。指尖相稱。指大相停。掌平如鏡。或軟如綿。龍虎相吞。掌厚背厚。腕扁肘圓。足背有肉。足底有紋有痣。掌略帶彎。手背不宜粗露筋骨。指節不宜漏縫。書云。腫節漏縫。神昏神懶。浮筋露骨。身樂心憂。掌紅噀血。富貴綿綿。手軟如綿。閒且有錢。尖起三峰。福生晚景。掌平如鏡。白手興家。紋露粗率。晚年衣祿平常。但相掌訣法。有載於後。宜與前後兼觀。

九取聲音與心田。書云。要知心裏事。但看眼神清。眼乃心之門戶。觀其眼之善惡。必知心事之好歹。其心正。則眸子瞭焉。心不正。則眸子眊焉。眼視上。其心必高。眼視下。必有感思。眼轉動而不言。心有疑慮。眼視斜而口是心非。益己害人。言不可聽。眼正視。其人中正。無黨無偏。眼惡心必惡。眼善心必慈。有陰騭者。或救人難厄。或救人危險。濟人貧窮。救人性命。不淫不亂。財寬量大容物人。俱有紫黃容紅氣色。發見於眼下臥蠶之宮。印堂福堂之位。縱相貌不如。其心田好。終有富貴。若相貌堂堂。心事奸險。縱然富貴。不日貧窮。書云。未觀相貌。先看心田。有相無心。相從心滅。有心無相。相從心生。昔裴度還帶。宋郊渡蟻。廉頗扶危。救人過渡。各千金不受。本是不貴之相。後反大貴。而陰騭扶之。聲音宜響喨。出自丹田（臍下一寸是也）。聲響如雷貫耳。或如銅鐘玉韻。或如甕中之聲。或如銅鑼銅鼓。或如金聲。或聲長尾大。如鼓之響。俱要清潤。縱相貌不如。亦主富貴。或人小聲大。人大聲雄。俱要深遠。丹田所出。此富貴綿遠之相也。夭折貧賤之人。聲輕。聲噎。聲浮。聲散。聲低。聲小。或如破鑼破鼓。語音焦枯。聲大尾焦。聲雄不圓。書云。富貴之聲。出於丹田。夭賤之人。聲出舌端。或有餘韻。縱焦枯烈。早年虛耗。而晚主發達矣。

訣曰。言未舉而色先變。話未盡而氣先絕。俱夭賤之人。觀聲音知為相之根本。觀陰陽知為相之元神。形貌莫外乎聲音。陰騭部位不好。有此相者。竟許富貴。但聲音響喨者。雖貧終能發達。不必狐疑。

十觀形局與五行。形局者。乃人一身之大關也。或如龍形。虎形。鶴形。獅形。孔雀形。鸛形。牛形。猴形。豹形。象形。鳳形。鴛鴦形。鷺鷥。駱駝。黃鸝。練雀等形。此富貴相。或豬形。狗形。羊形。馬形。鹿形。鴉形。鼠形。狐狸形。此凶暴貧薄夭折之相也。五行者。金木水火土也。書云。金得金。剛毅深。木得木。資財足。水得水。文章貴。火得火。見機果。土得土。厚豐庫。金型白色喜白。木型瘦喜青。水喜肥黑。火不嫌尖。宜赤色。土喜厚兮色宜黃。此五行正局也。合此者。富貴福壽。反此者。貧賤夭折。但學者憑五行。兼骨格推斷。相法多端。理居總斷。

【五法】

擇交在眼。眼惡者。情多薄。交之有害。然露者無心。不可不詳審也。問貴在眼。未有眼無神。而貴且壽者。問富在鼻。鼻為土。生金。厚而豐隆者必富。問壽在神。未有神不足而壽且貴者。縱貴亦夭也。求全在聲。士農工商。聲亮必成。不亮無終。上相不出此五法。拘於口耳眉額手足腹背之間者。凡庸相士也。

【切相歌】

入眼方知訣。還觀主起中。語遲終富顯。步緊必貧窮。犬眼休為伴。雞睛莫與逢。項偏多蹇滯。頭小定飄蓬。骨露財難聚。筋浮病必攻。唇掀知命夭。腹墜祿須豐。腰肥知有福。額廣壽如松。腳長兼耳薄。辛苦道途中。

下篇乃古代相傳的相說故事，未可盡量，現援引作參考而已。

【前賢神相考】

漢高相左股七十二痣。而貴有天下。梁武帝因登樓望楚城。漢嬪五彩如龍。下繞女子。遂詔而問之。女對曰。臣左臂有痣。上有五彩。帝奇之。因贈金環。納為后也。

周亞夫為河南太守。許負相之曰。三歲而封侯。八歲而將相。持國秉政。後九年而餓死。周笑曰。既富而貴。又何餓死。請指示於我。負曰。此縱紋入口。乃相餓死之法。後因人生變。下廷尉。不食五日。嘔血而死。又相鄧通曰。縱紋入口。當餓死。漢文帝曰。富貴在朕。遂贈蜀道銅山鑄錢。通竟餓死野人之家。又相班超曰。燕頷虎頭。飛而食肉。萬里封侯相也。後投筆出玉關。立大功。威震西域。封為定遠侯。

安祿山少賤。事張守珪。為珪濯足。因停手視之。珪問曰。何也。祿山曰。見公足下有黑痣。珪曰。吾之擁旌仗節者。得此痣也。祿山再拜曰。賤人不幸。雙足俱有。守珪遂奇之。

章相者遊錢塘。見錢鏐曰。此貴人也。骨法非常。願自愛。

裴度未遇時。相者曰。郎君若不至貴。必當餓死。後香山還帶。相者復見曰。君必有陰德及人。前程萬里。非某所知也。後官宰相。

晉重耳駢脅（奇骨駢並者也）。後果興晉室而霸天下。謚文公。

房玄齡龍目鳳睛。位及公卿。齊高帝龍額鐘聲。麟紋遍體。桑維翰為人醜怪。身短面長。對鏡嘗自奇曰。七尺之軀。不如一尺之面。真不誣也。

齊高帝日角龍顏。重嶽虎步。活紋八字。額如壁立。頂有浮光。身映日無影。有文在左手曰武。

魏武帝問司馬宣王曰。相汝狼顧。欲驗之。召使前。復令反顧。面正而後身不動。謂太子丕曰。司馬懿非人臣也。汝宜驗之。後稱晉。

种放隱居林谷。往見希夷先生。希夷一日。令人洒掃庭除。曰。有佳客至。放扮樵夫。入拜庭下。希夷挽其手曰。君豈樵者。二十年後。當有顯官。名聞天下。後為諫議大夫。陞工部尚書。

後漢王莽口蹙頞露。眼赤睛黃。聲大如嘶。軀長七尺五寸。反顧高視。瞰臨左右。公孫諟相之曰。鴟虎之吻。豺狼之聲。必能食人。不然。亦當被人所食。後果如言。

宋大珪舉進士。途中遇一叟。目而久之曰。拳能入口。神仙狀也。如學道當沖虛。不然。有大名於天下。

唐太宗四歲時。有書生見而言曰。龍鳳之姿。天日之表。年幾將冠。必能濟世安民。

楚司馬子良生子越椒。子文曰。必殺之。此子熊虎之狀。豺狼之聲。不殺。必滅若敖氏矣。

袁天綱相竇軌曰。君伏犀貫玉枕。輔骨金城起。十年且顯。但赤縷貫瞳。公為將必殺。願自戒。後生事不得免也。又相李喬云。睡後氣從耳出名龜息。此大貴也。又相馬周曰。耳後無根。薄而反側。非壽也。馬年四十三。卒於羈旅中。

顏子年十八而髮白。三十二而夭亡。夫髮乃血之餘。心主血。人多思慮。勞傷心志。則血氣焦枯。而髮早白也。

貧女問陳希夷曰。舜目重瞳。項羽勾踐亦重瞳。然皆王天下。一為萬世帝王。一則滅身亡國。何也。夷曰。舜帝之狀。重瞳方額。神清氣和。內禀靈白之誠。外有神清之相。德施群品。形貌清奇。故為聖帝。項羽勾踐。長頸烏喙。雖有重瞳。其相不如舜帝溫粹。故亡國喪身。

朱和子相隋帝曰。公目如曙星（即曉星）。光芒輝澈而有威。極貴相也。

歐陽公少時。有相士目之曰。耳白於面。朝野聞名。唇不蓋齒。無事招嫌。後公至宰相。果被毀謗。

宋郊入試。相者見之。未許登第。夜宿處。時大雨。水沒花台。有蟻萬餘。遂以竹編渡之。後數日。再見。相者曰。君有大陰德及物。今必及第。果中狀元。

昭公十一年夏。單子會韓宣子於戚。視下言徐。叔向曰。單子其將死乎。朝有著定。今單子為王宮伯而命事於會。視不登帶。言不過步。無守身之氣。死將至矣。是冬。單子卒。

【前賢神相賦】

揣近今之形。憑往古之相。參許負之元機。得呂祖之秘訣。劉先主垂手過膝。有三分天下之徵。漢高祖大度美髭。開四百餘年之祚。秦檜當朝拜相。眼有夜光。管輅抱疾夭亡。睛不守舍。種放隱居林泉。希夷相二十年後當顯貴。李斯身為要宦。唐舉言一百日外秉國鈞。龜形鶴息。終軍棄繻而振聲名。燕頷虎頭。班超投筆而成功業。陳平有冠玉之顴。身居九鼎。衛青有覆肝之額。食祿萬鍾。堯眉有八彩。舜目有重瞳。耳有三漏。大禹奇形。臂有四肘。成湯異體。周公兩手反握。文王四乳垂胸。孔子河目海口。漢高胸斗準隆。明珠出海。太公八十遇文王。火色鳶肩。馬周三旬逢唐帝。楚虞姬身似脂凝。唐麗娟氣若蘭馥。神如秋水。崔宗之瀟灑而號酒仙。清於寒水。李太白秀曜而居翰苑。房玄齡鳳目龍睛。三台位列。唐李絳珠庭日角。五品榮尊。黨結奸邪之輩。詭乃孫龐。氣稱溫粹之流。情推管鮑。顧下言徐。叔向知其必死。視端趨疾。魏主覘合乎情。勾踐長頸烏喙而亡身。翼德環眼虎鬚為上將。唐太宗有天日之表。龍鳳之姿。齊高帝有鐘鼓之音。麟紋之體。潘滔相王敦。蜂目豺聲。後必為人所噬。公孫目王莽。虎吻鴟睛。知其後當食人。潘安號曰美丈夫。身膺顯宦。何晏稱為傅粉面。職列宰官。王嬋臉帶三顴。董卓臍容七李。鬼谷子露齒結喉。採桑女回頭深目。皋陶色如削瓜。莊周身似喬木。漢呂后陰毛過膝。桃葉女媚眼橫波。李牧神光射人。重耳駢脅興霸。孟子內養輕萬斛。李嶠耳息享百齡。鶴形龜息。呂洞賓得道成仙。龍腦鳳睛。郭汾陽出將入相。螣蛇鎖唇。武帝食絕台城下。法令入口。鄧通餓死野人家。亂紋生於口角。當饑亡之亞夫。赤脈貫於瞳中。是難封之李廣。漢高左股形奇。七十二痣精華見。倉頡四目相異。億百萬字製作昉。面方如田。李仁安封侯拜相。狼顧面正。司馬懿位極人臣。裴度位登宰官。在還帶犀之德。叔敖職居相位。因享埋蛇之榮。呂望耳毫紅細。貴壽無雙。石崇鼻孔圓收。富豐第一。學堂既瑩。岑文夷詞章立顯。蘭廷已滿。范仲淹相業堪嘉。廉頗豎天雙眼尾。襄王當胸五花紋。觳也下豐。知其有後。越椒形惡。難免滅宗。軀七尺不如面一尺。桑維翰臨鏡自奇。八字紋兼有武字紋。齊高帝奇徵極貴。宋大珪口能容拳。有神仙之狀。歐陽公耳白過面。享朝野之名。前賢既有明徵。後世焉得無相。欲求所以。宜鑑於斯。

第二章

論頭與頭骨

【論頭與頭骨】

頭為內相，有時比五官還重要，尤以後枕部位為甚。五官生得怎樣好，但後枕扁平的話，一般只流於表面風光；相反五官一般，但後枕飽滿的話，則內裏財富一定比表面豐厚。當然，最好是內外相配。

察看後枕時，後枕近頭頂部分觀察少年，中間部分為中年，枕骨部分為晚年，看哪個部位比較凸出，便知道一生在哪段期間的生活最為富足。

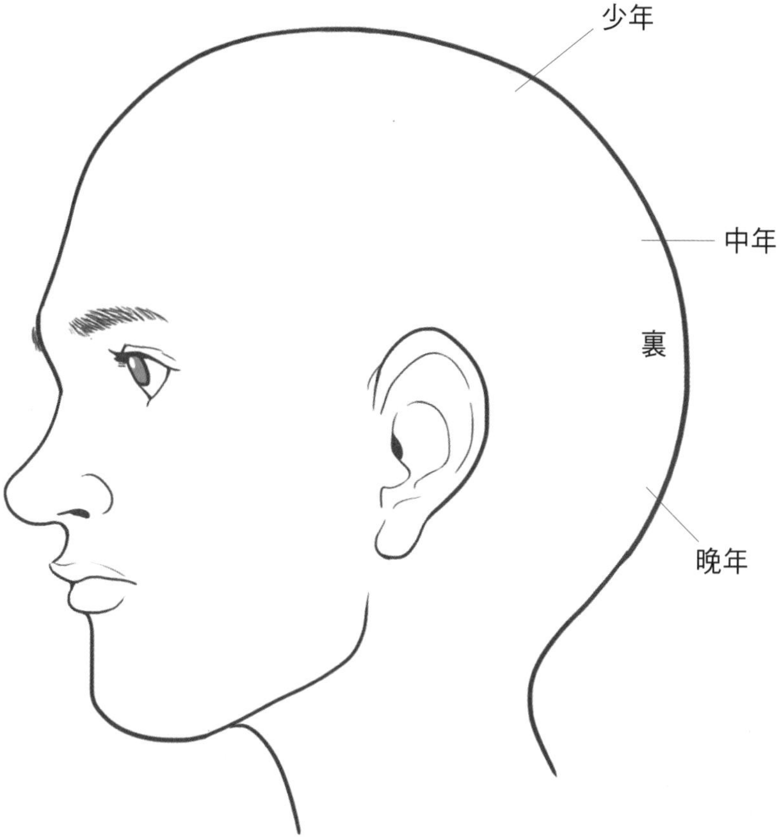
少年
中年
裏
晚年

頭的形狀宜圓或方，頭頂百會穴之處宜高凸，為富貴之相，最忌頭骨斷碎，運程必然反覆，一生高低起跌不斷，難有大成。

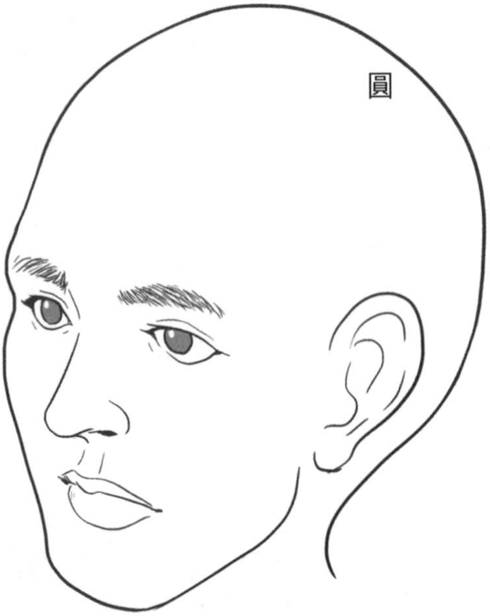

頭圓者富

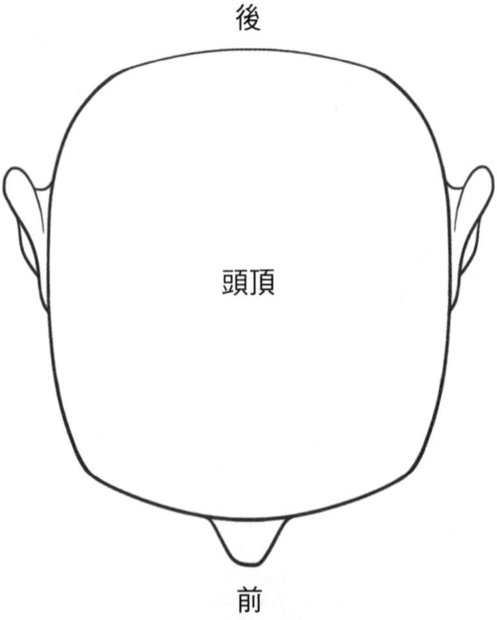

頭方者貴

頭骨斷碎者
一生運程反
覆，較難有
連貫之大運

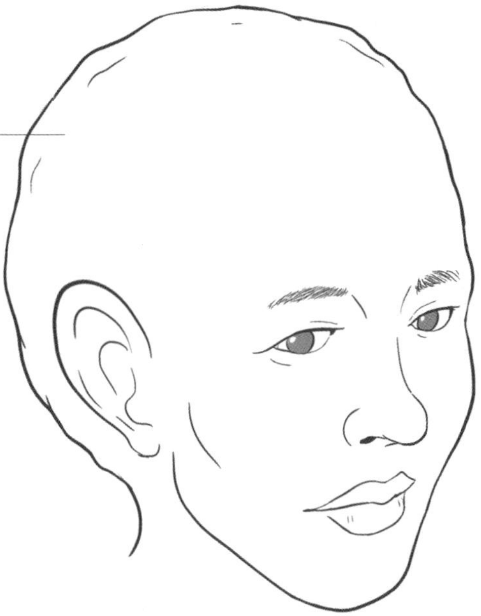

後枕骨高高
低低，凹凸
不平，不飽
脹，主運程
反覆不定

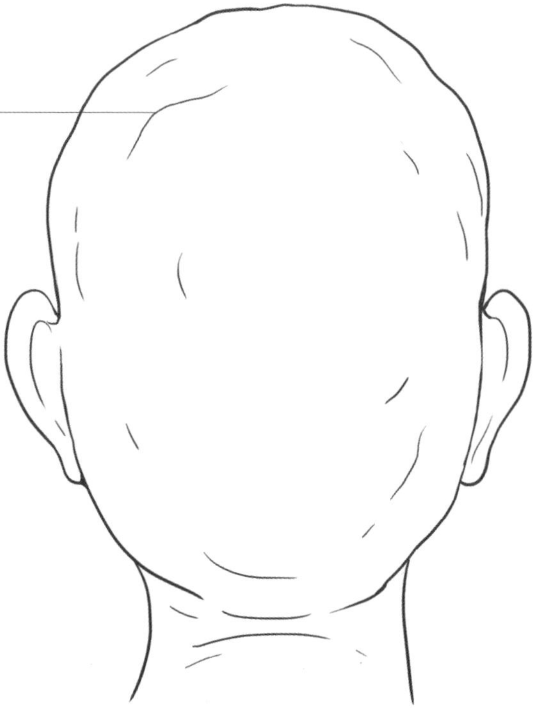

最尊崇骨相學的是近代名相師盧毅安先生，但他尊崇的是西洋骨相學，以研究心性嗜好為目標，與中國人專論富貴有所不同，現節錄少許如下，以供大家研究。

盧毅安《新人相學》摘要

【論心性諸機關分類】

心性諸機關最大之分類，不外感情智力而已，自感情分之，曰慾，曰情，由智力分之，為感覺，為視察，為反省，如在腦髓所佔據之部分言，則如下圖所列，一曰嗜慾，佔後頭部，及側腦部，一曰感情，在頂部，一曰智力，居

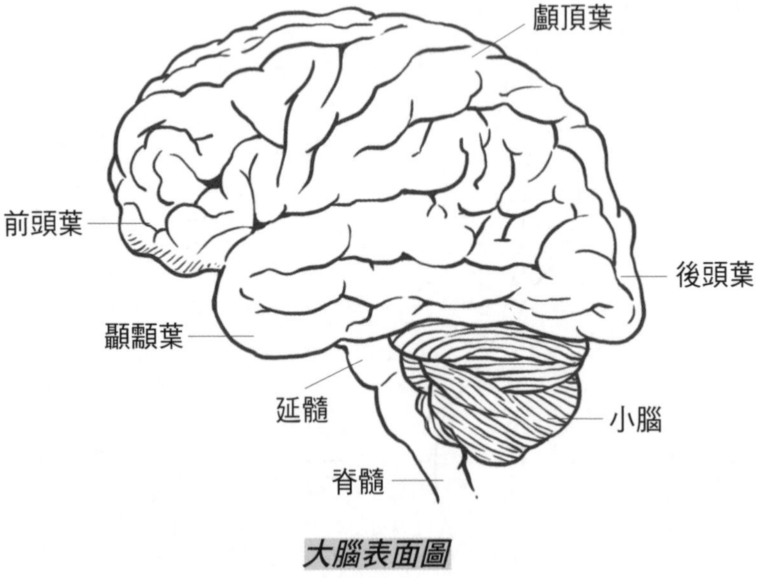

大腦表面圖

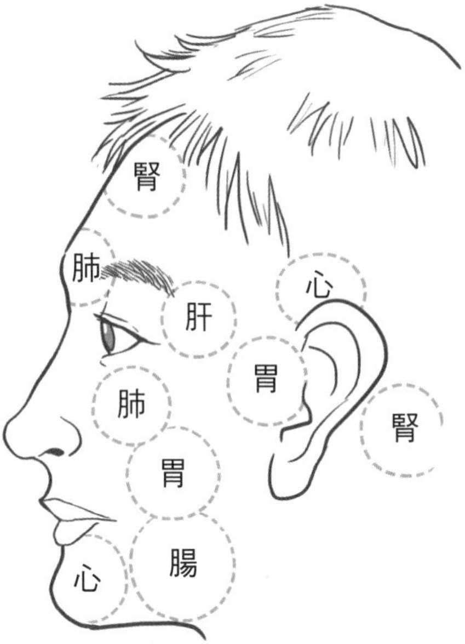

面穴圖（主疾病）

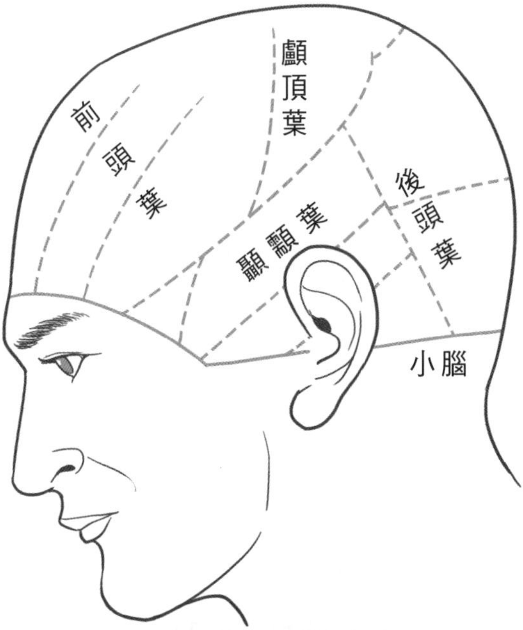

腦面分類及與頭蓋關係

額部，此即斯勃爾斯海 Spuryheim 所發明之説也，今細分述之。

【第一 嗜慾】

嗜慾有親愛嗜慾，自衛嗜慾二類，前者機關，在頂後及後頭部，是為男女、配偶、慈愛、友愛、住所五種，此部乃使人有交友家庭念慮，凡愛護家族住所朋友國土之基礎，純在於是。自衛嗜慾居兩耳上側，顳顬部之下側，有生命、抵抗、破壞、飲食、理財、秘密六性，其主要任務，在維持人之生存，專事確守身體生命財產之權利也。

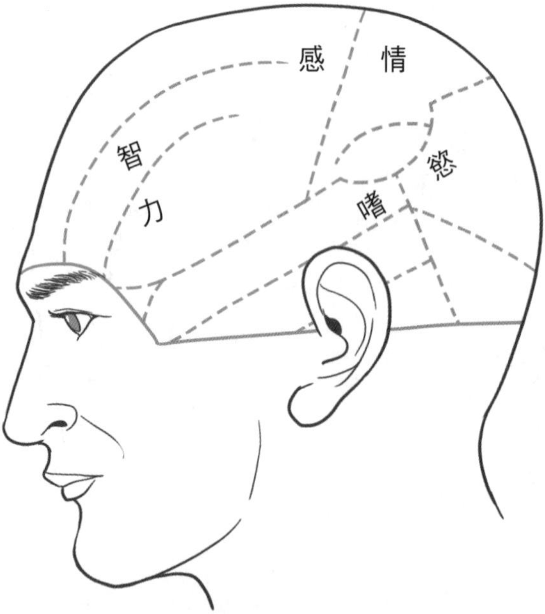

心性機關的總分類

【第二感情】

感情分自利、道德、完美三種。自利感情，在嗜慾性上部即後頭部，有警戒名譽自尊強硬，其作用則在於希望謹慎獨立強固意力。道德感情，在上頂部，即居於自利感情之前，有正義希望靈妙尊崇仁惠諸性，是使其人有上尊鬼神，下友弟兄，道德責任之念，咸從斯出。完美感情，在道德之情感下側部，有構造美麗模仿諧謔宏大人和直覺等七性，其機能在使天作人工，發美妙之愛，表快樂之情，能

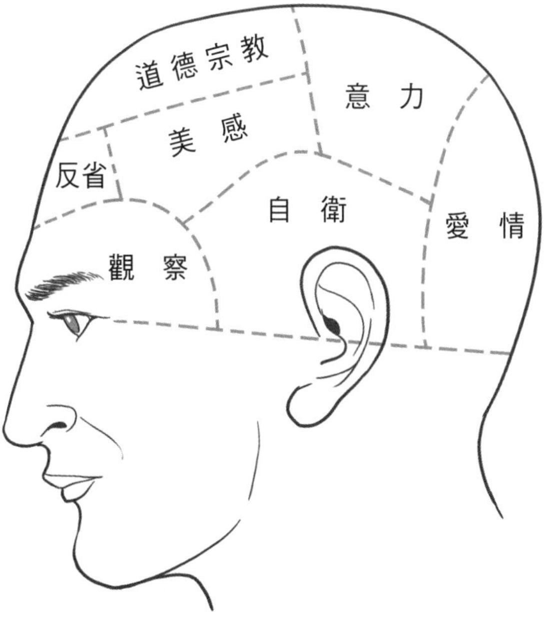

令人躋於高尚優美之域，與道德感情，同其行動者也。

【第三 智力】

智力分視察、記憶、反省三部。視察力有個體形狀大小輕重彩色秩序計數七性，在上眼巢板，即前頭葉之下前部，因該處之隆起與否，而定其廣狹如何，其機能在賦予關於外界物之存在，及其性質之知識。記憶力在額之中間橫斷，有事實時間音調地位言語五性，其功用在使將因視察力而得之事實，收藏之，傳播之，或於時間起繼續之思想，或於音調與以均齊之念慮，故其傾向，在意識事物，表彰思想焉。反省即為推理力，有推因比較二性，在上額部，其功用在比較事實，分類異同，即供給推理力之機關，第持續性則難與以上所列分類，蓋因此性，乃由思想感情之結合，而對於他心性力之作用，有恆久忍耐之氣力，故為便利起見，置此性於諸友愛性之次。

以上所列心性諸能力，乃為組織心性之元素，既謂之曰人，則不能缺此，其在物質界，彼化學的元素，即為物質最極之原子，人之心理，亦何莫不然耶？物質元素之發見，非盡一人之力，其間經許多學者，連續勤勞，乃克有成，而相學之四十二性，亦歷幾多歲月，方始成立，物質之元素，尚有未經發見，須俟人之智力，以愈臻精密者甚多，相學亦復如是，心性機關之屬於未知之數者，亦待發明，俾與吾人以方便，豈俟詞費哉。

茲所謂心性力者，乃指心性機關活動，而特殊興奮之者而言，心性機關，專言腦髓一部，適應於心性力者是也。心性機關，蓋屬一對，即腦髓分為兩半球，各機關對於外界物體，有一定關係，故其關係，苟趨於考察之一途，而表現之時，則其機關，直形活動，心性自因以刺激而運行矣。又有因外傷疾病，血行鼓動，致使心性活動者，若斯活動，無論用何方法，概能為之。然而表彰其特殊心性，則因其機關之故，定必呈露無遺。且各心性力，又為求幸福及其必要起見，自必於正當範圍之內，有相當活動，若此心性之力，有所欠缺，或刺激過度，監督補助之力，或失其效用時，則脫軌而出，超越範圍，靡知所屆矣。故各機關之活動，苟能劃一，無長短輕重之殊，則吾人品格，自無差別，生活上亦無過或不及之憂，然而各機關之發育，例有差等，自古及今，人之氣質才幹，千差萬殊，職是故也，今將各心性列之如下。

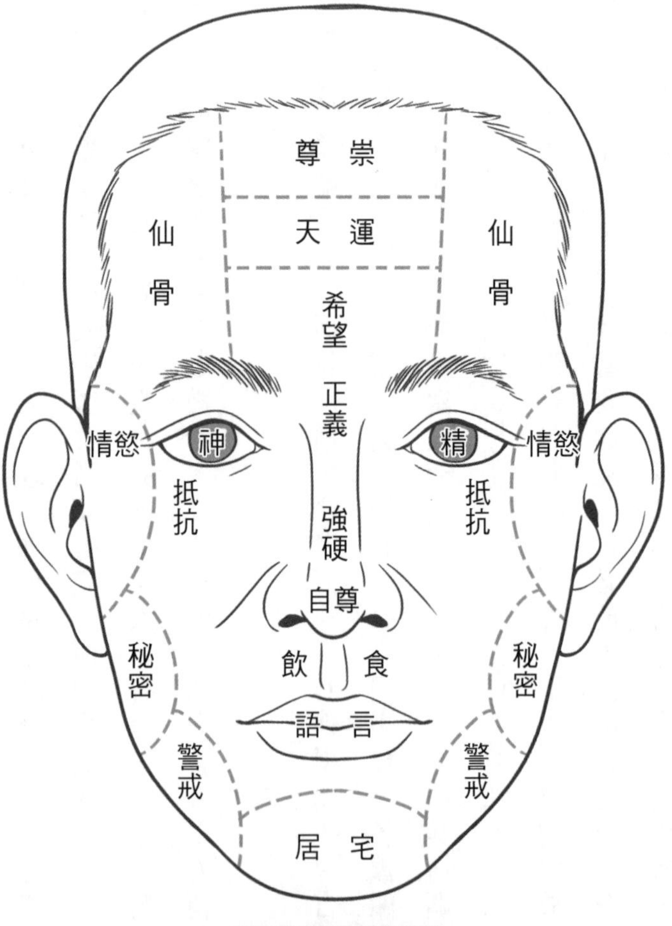

心性顏面表面圖

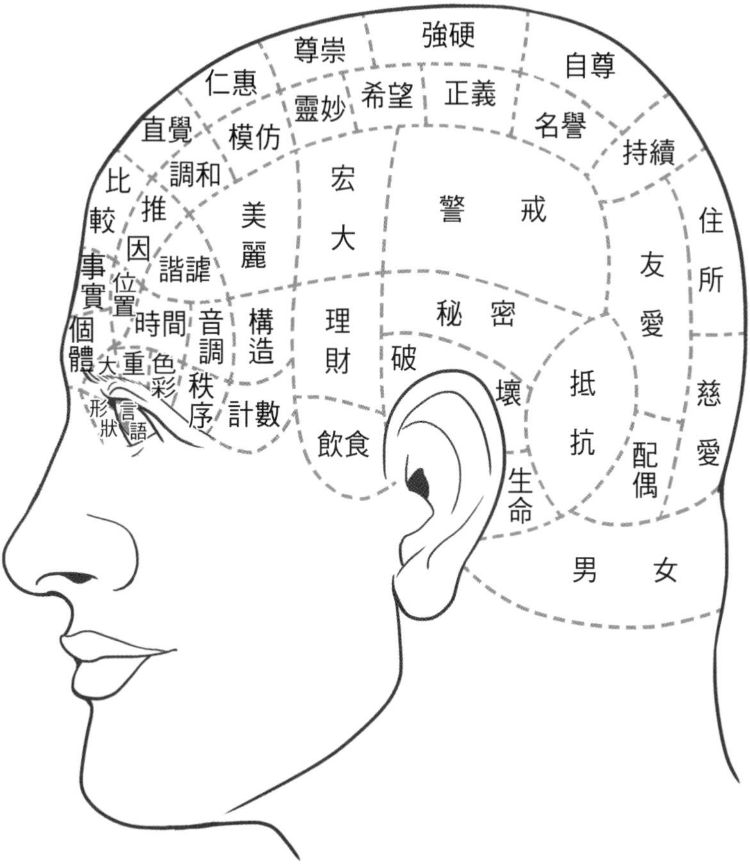
強硬
尊崇
自尊
仁惠
靈妙
希望
正義
直覺
模仿
名譽
持續
比較
調和
推因
宏大
警戒
美麗
住所
友愛
事實
諧謔
位置
秘密
個體
時間
音調
構造
理財
破壞
大
重
色彩
秩序
抵抗
慈愛
形狀
言語
計數
飲食
配偶
生命
男女

心性機關部位圖

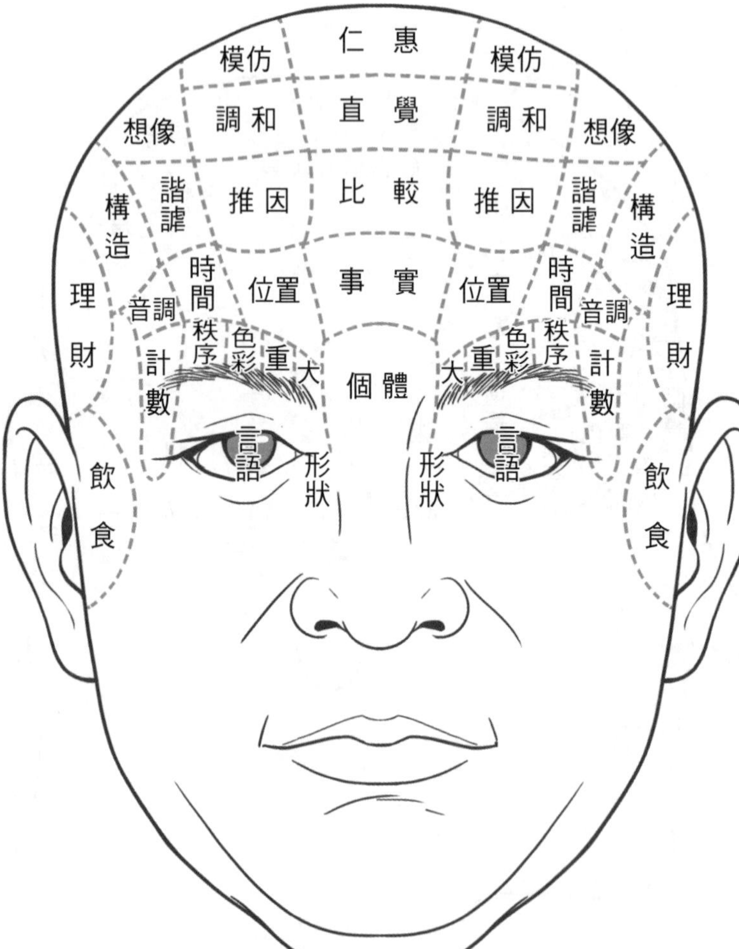
模仿
仁惠
模仿
想像
調和
直覺
調和
想像
構造
諧謔
推因
比較
推因
諧謔
構造
理財
音調
時間
位置
事實
位置
時間
音調
理財
秩序
色彩
重
大
個體
大
重
色彩
秩序
計數
計數
言語
形狀
形狀
言語
飲食
飲食

心性機關正面圖

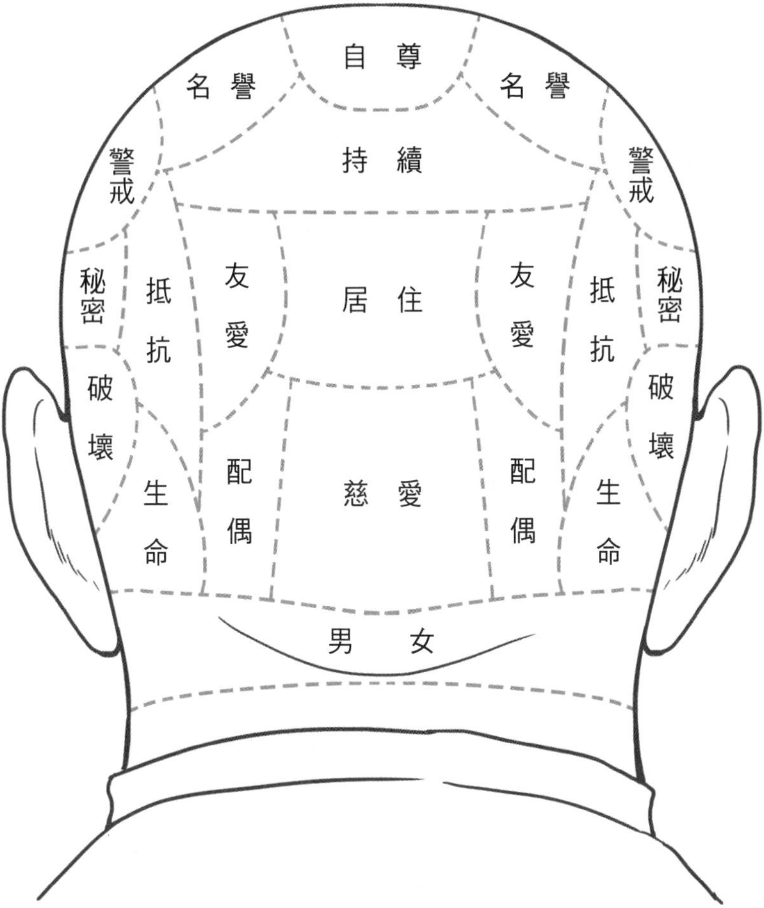

心性機關後面圖

以上四圖標示了整個頭部不同的嗜慾區域，骨飽滿而豐隆則力量大，小而凹陷則力量細。鼻樑代表強硬、自尊，如鼻樑高、鼻形大則其人處事強硬、自尊心較強，人會變得較為硬頸、固執，容易以自我為中心；鼻細小而樑低則自信心不足，但比較容易接受別人之意見。

耳前太陽穴部位能看人之理財能力，太陽穴飽滿則理財性高，事事小心計算，人難免較為吝嗇；相反，太陽穴凹陷，理財能力不強，人會較大方，但容易胡亂花費。耳上為秘密性、破壞性，貓科動物這個部位較為飽滿，故貓的秘密與破壞性必然比狗強得多，尤其是秘密性方面。另外，腮骨部位亦是察看秘密性與破壞性的位置，腮骨有力則秘密性強，如腮骨橫張成耳後見腮則增強了其破壞能力。

以上數個例子只供各位參考，如有興趣研究的話可以尋找關於西洋骨相學的著作，又或者找尋盧毅安先生的《新人相學》，書中有比較詳細的介紹。

骨相學在研究面相學上是非常重要的，因看其頭骨之發展，不難推測其人的智慧賢愚，以及心理狀況，從而再推測此人的長短之處。透過仔細觀察，做老闆的可以知人善用，而自己也能察看自身的優點、缺點，從而加以趨避。

古訣論頭骨（一）

【頭】

頭為一身之尊。所以象天。故頭要圓。男子頭圓。必得富壽。女子頭圓。必得好子。頭要方。頭方頂高。尊為天子。頂若高凸。貴極人臣。但頂凸不可露骨。則為孤貧之相。頭不可尖。男子頭尖。終無成器。相法云。朝廷無尖頭之官。則尖頭不貴。又云尖頭財主。世所罕聞。則尖頭不富。又云。男子頭尖。福祿不全。又云。頭尖無角。少年貧薄。蓋頭為天。天不圓。不能列萬象也。頭不可小。頭小頸長。不貧則夭。頭不可垂。一為天柱傾頹。少年垂首。享壽不長。一為頭先過步。雖富不久。行路頭先過步。必初富而終窮。若男子頭常垂者性酷毒。行路頭常低者曰狼行。皆不可交。皮寬則福壽。薄者貧賤夭。頂陷則促年。貧者頭無天倉。天倉主貧富。陷則多劫財。賤者頭無輔弼。骨暴露者。操勞先而刑剋早。骨缺陷者。壽命夭而富貴難。若大而無角亦賤。相法云頭大無角。腹大無托。不是農夫。必是屠剝。大而無肩必孤。大而頸小又夭。惟頭有肉角者大貴。骨則欲豐而起。欲峻而凸。

婦人頭有穢氣者貧賤。尖者不旺夫。且主貧賤。頭骨大者。又主刑剋。

【一　頭無惡骨 附面部骨】

大貴在乎頭骨。有奇骨者。五官不正亦貴。有神骨者。形體柔脆亦壽。以是知富貴根器。不徒在五官而並重頭骨也。故內府骨起者。鎮邊塞（內府平滿大富。高聳大貴）。輔角骨起者任撫藩（輔骨無角不可求官。骨大官大）。邊地骨稜起者。有護御之貴（邊地又主遠行吉凶。出行必須光明方利）。又病人邊地明。有救。日月角骨應天庭者。得宰相之權。司空有骨則公卿。輔角有骨則王侯。骨大官大。無骨無官。中正二三品之職。福堂四五品之官（福堂在兩眉之上。豐厚有官。又為陰騭出入處。色紅潤者多吉慶）。印堂有金城骨（骨隆起如分五指。直上髮際者是。亦名玉柱骨。大貴）。有天柱骨（骨至天庭者是。二三品職）。金城尤貴。耳上有玉枕骨。耳後有壽骨（骨多則孤）。玉枕為榮。鼻有伏犀（從鼻樑貫印堂）。有單犀（從準至頂）。單較伏貴。顴插天倉。又插天庭。庭比倉尊。又有骨起五柱。終身榮顯（額骨高起。鼻骨連眉。顴骨插天者是）。骨起三山。位至三公（鼻骨直入天中。顴骨直通天倉者是）。諒哉骨之無惡也。

【二 頭有惡骨】

頂骨尖起者貧（前篇則頂凸貴極人臣）。額如雞子者孤（前篇則額骨主貴）。天庭骨聳出者剋（前篇則天庭骨起者貴）。日月角陷露者刑（前篇則日月角骨應天庭者大貴）。奸門骨凸者淫。男不可凹。主剋妻。女不可凸。主淫。鼻骨橫出者敗。倉骨陷則窮。眉骨露則凶。誰謂頭無惡骨哉。

又有額顴頦四部骨起。而鼻塌者。此五嶽無主。多凶多剋。頤骨豐起。而鬚髮如草者。頭有奇骨。而目泛泛無神者。夭亡破敗。或龍角起。而黑氣旋繞。或腦後玉枕骨高而潰亂。或左凸而右凹。或下空而上聳。是皆損陰騭遂變相。破敗凶災。咄咄而來。誰謂骨皆可恃哉。

鬼谷子云。頭骨前五峰高。則腦後不可陷。腦後橫山骨高。則前五嶽不可倒。

否則是為不稱之骨。似貴非貴。似富非富。由此觀之。誰謂有骨即貴哉。

【三 辨頭骨之善惡】

一曰辨形——頭骨以聯為貴。惟圓則聯。扁次之。碎斯下矣。若偏塌不合。則不貧亦夭。

二曰辨色——頭骨以青色為貴。青則氣清。以紫色為榮。紫則氣秀。若白。則寒而薄矣。

三曰辨氣神——頭骨以神為貴。以氣為靈。若有奇骨而無奇神。不夭即孤。不孤即貧。

總之骨要肉包。又要相稱。有骨無肉無氣則硬。硬必孤。有肉無骨無神則弱。弱必夭。惟有肉有骨有氣曰厚。厚則榮華。有骨有氣而又有神曰秀。秀則大貴。故頭骨須精神氣魄相輔。

然則將何法而辨其為得神氣乎。

曰。骨得神則肉瑩潔。肉得神則氣潤暖。氣得神則色清舒。色得神則鬚眉翠秀。故色華必祥。氣清必發。肉瑩必福。骨秀必祿也。

古訣論頭骨（二）

遠古相書所論述的頭骨如遠古掌相一樣，既抽象而又沒有傳承，大多是不同相書互相抄襲，故可信性不是太高，往往有一二種骨形便斷定一個人的吉凶禍福，可靠性不足。不過，為使後學者可以參考，仍將主要部分節錄如下，供大家參考研究。

【頭相捷徑】

夫頭者。一身之尊。百骸之首。諸陽之會。五行之宗。居高而圓。象天之德也。天欲圓。不圓不能列萬象。地欲方。不方不能載萬物。頭圓足方者。富貴也。頭小足薄者。貧賤也。其骨欲豐而起。欲峻而凸。皮欲厚。額欲方。短則欲厚。長則欲方。

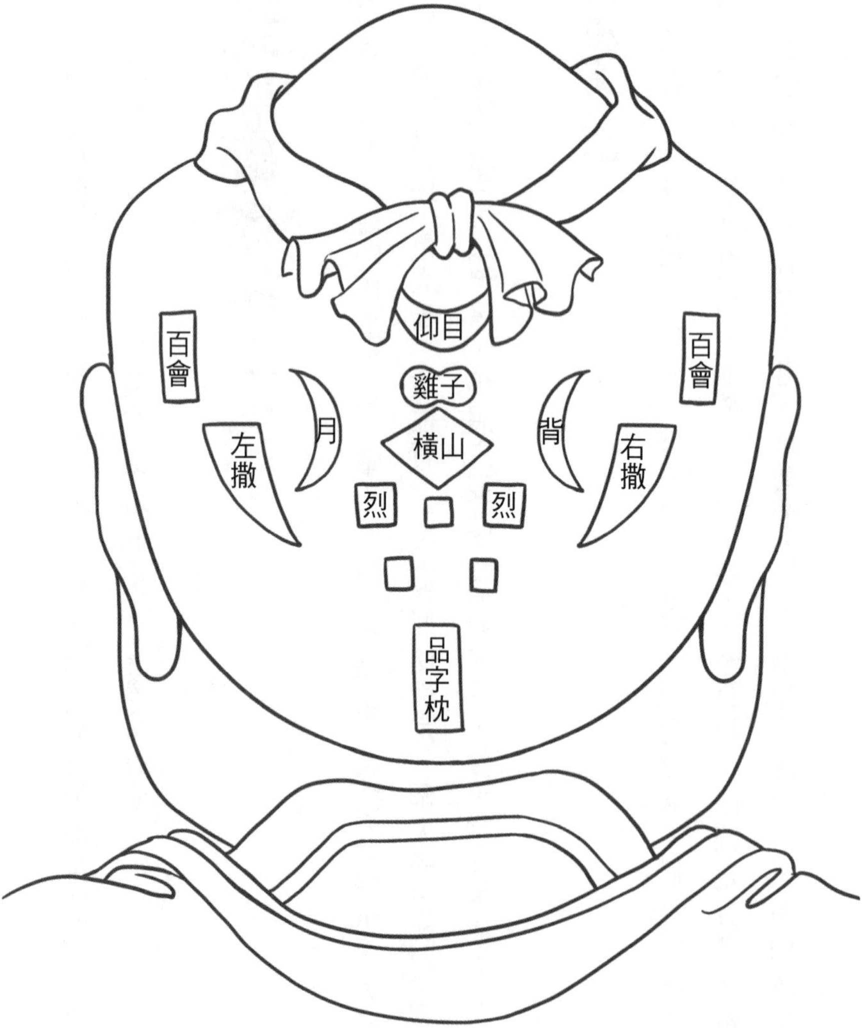

枕骨圖

頂凸者高貴。缺陷者夭壽。皮薄者主貧賤。頭有四角者主大貴。右陷者損母。左陷者損父。且當推各部而斷。

訣曰。頭骨短圓。福祿綿綿。巨鼇入腦。尚書到老。牛頭四方。富貴吉昌。燕頷虎頭。威鎮九州。耳聳頭圓。萬頃田園。頭皮寬厚。富貴現在。額尖頭大。夫妻必礙。頭小頸長。貧乏異常。蛇頭屈曲。糟糠不足。男子頭尖。福祿不全。鼠目獐頭。富貴難求。蛇頭平薄。財物寥落。頭大好古。頭小愚魯。額如雞卵。庸俗之黨。頭大無角。腹大無囊。不是農夫。必是屠割。不是粗人。定是木作。青色聰明。白色伶仃。黃色貧賤。赤色多恨。

賦曰。頭象天法乾兮。宜峻極而隆圓。頭為諸陽立極兮。忌頂陷而尖偏。燕頷虎頭兮。登將相而富貴長綿。犀頭鹿腦兮。享安康而性識真銓。立壁兮俊傑。覆肝兮朝賢。喜見金城骨起。且看伏犀參天。乃若頭尖額窄。斷難為官。頭小額窄。秉性不寬。龜頭鼇腦。關門吃食為歡。兔首狐額。無事而兩眉常攢。腦削額塌。庸士俗子總艱難。頭大額闊。背印封侯以巍冠。

【頭額顴枕骨總論】

人身骨法。莫出於頭額顴之骨。頭額之奇者。莫出於腦骨。成枕者如山蘊有玉。江藏有珠。故人雖有奇骨。亦必形貌相當。神氣清越。方受天祿。不然。未盡善也。夫額之伏犀骨。其名不一。有朝天伏犀。武庫伏犀。主大貴。博物志云。龍頭上有一物。如博山形。名尺木。龍無尺木。不能升天。可見頭骨最為緊要。內府百合骨起者。邊塞之職。輔角骨起者。藩撫之職。邊地骨起者。侍郎給事中書之職。日月角骨起應天庭者。宰輔之權。司空骨起。公卿之位。中正骨起。二品三品之任。輔骨稜起者。王侯之貴。福堂骨起。五品下官。太陽穴有骨。名曰扶桑骨。耳上有骨。名曰玉樓骨。並主富貴。耳後有骨。名曰壽骨。主壽。印堂有骨隆起。如分五指。大入髮際者。名金城骨。一曰五柱骨。主大貴。印堂有骨至天庭。名天柱骨。刺史之職。日月角兩骨至耳。名將軍骨。主極品。眼下有獨骨。名奴僕骨。為人驅使。耳後稜稜骨起。為羅漢骨。主孤壽。鼻上凸起返吟骨。中年破敗。伏吟骨。中年刑剋。凡骨要堅實。奇異者。即為貴骨。伏犀貫頂。小而狹短。為不足。早年刑剋父母。尖者不得父母力。若粗而露。暗而不明。則反為離骨矣。若腦之後有枕者。名曰枕骨。凡豐起者。富壽。缺陷者貧矣。三骨皆圓者。名三寸骨。主四相也。四角各一骨聳起。中央亦聳者。名五花枕。主封侯。兩骨尖起。名曰雙龍枕。主節樞將軍。回環枕。名車軸枕。主父子祖孫貴。三骨並者。名曰連光枕。小者主食祿二千石。大者將相。一骨彎仰。名曰偃月枕。主卿監。一骨彎覆。名曰覆月枕。主朝郎。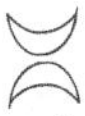兩骨彎仰俯者。名曰相背枕。主文武兼職。上一骨。下二骨分枕而圓者。名曰三星枕。主兩副制館職。四方骨起稜角者。名曰崇方骨。主館殿清職。上一骨方。下二骨圓者。名曰乘露枕。主員外郎。上下圓而有稜者。名玉樽枕。大者主卿相。小者主刺史。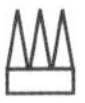三骨直起。一骨下橫乘之者。名曰山字枕。主聰明富貴壽。一骨圓。一骨方。名曰壘玉枕。主富而榮。一骨疊起而突峰者。名曰象牙枕。主兵將權。一骨起四角者。名曰懸針枕。主節度武臣。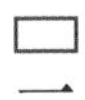一骨橫截。名曰一陽枕。主貴富高壽。太凡枕骨。其名不一。但以奇異為上。近下者過腦而易辨。近上者淺而難驗矣。月波云。玉枕兩耳上下為百會。耳前為額。耳後有腦。腦後有玉枕。其骨有三十三般。皆公侯富貴之相也。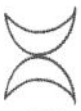背月枕。口方枕。主少貴。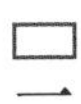一字枕。主貴性剛。

十字枕。主性多言。有口無心。雖貴而不定。左搬枕。右搬枕。主壽得祖業少貴。三關枕。主一門有數貴。雞子枕。主性焦烈。多是非。連枕名列環枕。與玉堂相侵。主貴壽。性不常。品字枕。主貴。文秀名高。垂針枕。主壽。酒樽枕。主近貴。有祿無官。丁字枕。主性寬近貴。腰鼓枕。主小貴無定。多成敗反覆。如珠枕。主近貴。上字枕。志高膽大。成敗小貴。經曰。凡人有此玉枕者。皆貴相。如僧道有此。雖不貴。主壽命長遠。凡人枕骨。但稍微起者。皆主福壽。平下無者福祿難。婦人有此。亦主貴。又顴骨亦有凶有吉。龍翎顴。鳳尾顴。羊角顴。入耳顴。方顴。卓顴。石鵝子顴。此皆吉也。若耳畔疊出無勢。名析顴。哭而有靨。名破顴。如雞卵樣。名瓜顴。此三顴之類。皆刑剋迍蹇。不足取矣。蓋以其臃腫粗露而破也。骨者一定之相。有之則應也。古云。頭無惡骨。面無善痣。斯言信矣。

【頭相詩 五首】

頭大額寬富貴姿。嶒崚異骨始稱奇。眉清印淨文星照。要步瀛州也不遲。

頭骨崢嶸岱嶽峰。少年捷報紫泥封。文為宰輔安邦國。武作干城拜九重。
頭無惡骨果為真。骨格之名莫指陳。枕骨成形稱上相。定登科甲作朝臣。
頭生角骨武封侯。腦骨豐隆富貴流。巨鼇藏形窩不見。身居台座建勳猷。
頭大額方邁眾形。紫微垣內上卿星。皮寬髮秀還增壽。元老股肱佐帝庭。
頭圓額方。定作元臣。頭聳額立。決為上將。
額削頂尖。斷無官職。頭偏額窄。豈有餘錢。

古訣論頭骨（三）

【枕骨部相】

人之骨法中貴者。莫出於頭額之骨。頭額之奇者。莫出於腦骨成枕之人。有枕骨。如山石有玉。江海有珠。一身以恃其榮顯也。故人雖有奇骨。亦須形貌相副。神氣清越。方受天祿。不然。恐未盡善也。夫腦之後名曰星台。若有骨者。名曰枕骨。

凡豐起者富貴。低陷者貧賤也。

【相頭】

頭者一身之尊。百骸之長。諸陽之會。五行之宗。居高而圓。象天之德也。其骨欲豐而起。欲峻而凸。皮欲厚。額欲廣。短則欲厚。長則欲方。頂凸者高貴。陷者夭壽。皮薄者主貧賤。頭有肉角者主大貴。右陷者損母。左陷者損父。耳後有骨。名曰壽骨。起者常年。缺陷者壽夭。太陽穴有骨。名曰扶桑骨。又兩耳之上名曰玉樓骨。並主富貴。行不欲搖頭。坐不欲低首。皆貧賤之相。

詩曰

腦後太陽骨豐起，為官享壽自延年，髮疏皮薄皆貧相，父母難為左右偏。

頭上角骨武侯封，腦後連山富貴流，枕骨更生終是福，上尖下短賤人頭。

頭小頸長。貧乏異常。蛇頭屈曲。糟糠不足。頭短而圓。福祿綿綿。腹肚下垂。人僕相隨。又云。頭小髮長蹤跡散。髮長頭窄命難長。髮生到耳須餓死。髮捲如螺必有傷。髮早白者凶。白而再黑者吉。自古無濃髮宰相。亦無凸髮之健兒。大概髮欲潤澤而黑。不喜焦枯而濃。若雙頂者。多妨父。又云。頭上方圓額又平。定是富貴有高名。項骨連鼻終拜相。世世生生不受貧。頭生角骨武封侯。腦後連山富貴流。枕骨更生終不賤。上尖下長賤薄人。兔頭多是性輕狂。額上金黴父早亡。少年白髮多妨剋。兩鬢毛疏性不良。頂中低下是賢人。女長頭青嫁貴人。更得髮光面圓潤。必為妃后國恩頻。男女頭鼻面靨多（靨音業。面上黑子也）。再嫁重婚苦奔波。無病面帶塵埃色。短命孤寒受坎坷。又云。髮青髮細貴榮高。女妃男貴佐明朝。黃粗更有鬈毛者。定主亡夫殺壻苗。兩鬢毛疏好殺人。少生白髮剋雙親。有旋垂額兼垂項。多淫殺婦豈堪論。

【枕骨圖式】

○○○三骨皆圓者。名曰三才枕。主使相。

◎二骨俯仰者。名曰相背枕。主文武防團。

⁘ 四角各一骨聳起。中央亦聳者。名曰五嶽枕。主封侯。

○○ 兩骨尖起者。為雙龍骨枕。主節樞將軍。

◎ 四邊高。中央凹者。名車軸枕。主公侯。

☰ 三骨並起者。名曰連光枕。小者二千石。大者至將相。

◡ 一骨彎仰上者。名曰偃月枕。主卿監。

◠ 一骨彎俯下者。名曰覆月枕。主朝郎。

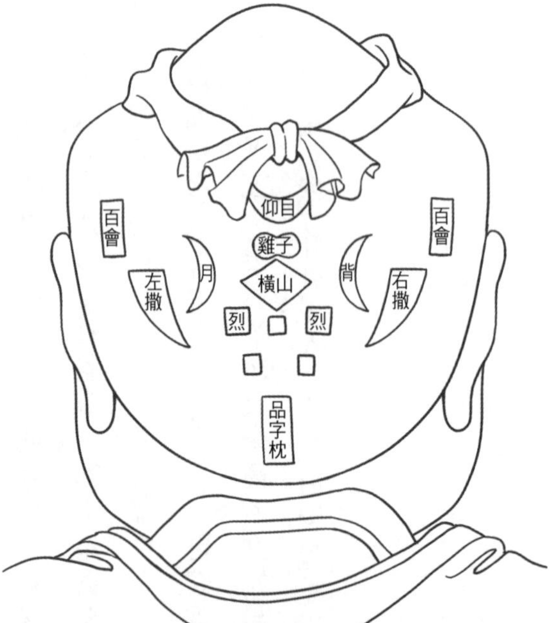

玉枕圖

上一骨下二骨分排。名曰三星枕。主兩副制館職。

四方骨皆起一骨角者。名曰崇方枕。主二千石。大者台祿。

一骨聳起而圓者。名曰圓月枕。主館殿清職。

上方下圓者。名曰垂露枕。主員外郎。

上下圓而有稜似盆者。名曰玉樽枕。主卿相。小者刺史。

背月枕。

一字枕。主誠信。貴。性剛。

回環枕。又名率輻枕。祖父子皆貴。

左長枕。左撒枕。右撒枕。皆少貴。主壽。

三關枕。主一門有數貴。

酒樽枕。主近貴。有祿無官。

○○ 連枕。又名列環枕。與玉堂相侵。主貴壽。性不常。

◯ 雞子枕。主性焦烈。多自是。

山 山字枕。主誠信。貴。性剛。又名橫山一字枕。

▽ 懸針枕。

 垂針枕。又有玉枕。主多壽。

上 上字枕。志高膽大。成敗小貴。

經曰。凡人有此玉枕者。皆主貴相。如僧道之人。雖不貴。有此玉枕者。皆主壽命長遠。凡人玉枕。但稍有骨微起者。皆主祿壽。平下無者。祿壽難遠。婦人有者。皆主貴。

 腰鼓枕。主小貴無定。多成敗反覆。

○○○ 如珠枕。主近貴而不實。

丁字枕。主性寬近貴。

一骨圓。一骨方。名曰疊玉枕。主富而榮。

三骨直起。一骨下橫承之者。名曰山字枕。主聰明富貴壽考。

骨起分四角者。名曰懸針骨。主節察武臣。

一骨橫截者。名曰一陽枕。主巨富高壽。

一骨聳起而尖峻者。名曰象牙枕。主兵將之權。

大凡枕骨欲得共下者。過腦而易辨。近上者淺而難驗矣。骨者一定之相。有之則應也。故古人有言。頭無惡骨。面無好痣。斯言信之矣。

相信從上述資料可以得知，古相論骨的可信性不高，相信是某些人為了一些原因而杜撰的。

相學全集 一

作者

蘇民峰

編輯

吳惠芳

美術統籌

Amelia Loh

美術設計

Charlotte Chau

插圖

August Boy

出版者

圓方出版社

香港北角英皇道 499 號北角工業大廈 18 樓

營銷部電話：(852) 2138 7961

電話：2138 7998

傳真：2597 4003

電郵：marketing@formspub.com

網址：http://www.formspub.com

http://www.facebook.com/formspub

發行者

香港聯合書刊物流有限公司

香港新界大埔汀麗路 36 號

中華商務印刷大廈 3 字樓

電話：2150 2100

傳真：2407 3062

電郵：info@suplogistics.com.hk

承印者

亨泰印刷公司

香港柴灣利眾街 27 號德景工業大廈 10 樓

出版日期

二〇一四年七月第一次印刷

ISBN 978-988-8237-79-1

Published in Hong Kong